「見方・考え方」を働かせる小学校算数「深い学び」の授業デザイン

今井啓介 著

明治図書

はじめに

同僚や若手の先生と算数授業について悩んでいることを話していると，決まって同じような話題が上がります。

「子どもたちが夢中になるような課題って，どうやってつくればいいんだろう…」

「子どもに自分の力で考えてほしいのに，なかなか自分の考えを書こうとしない…」

「自分の考え方だけを発表しておしまい。その後，友だちが発表していても，まったく興味をもって聞いている様子がないんだよね…」

「振り返りって，どんなことをするのが有効なんだろう…」

「“『数学的な見方・考え方』を働かせる”って，結局どういうことなんだろう…」

とりわけ最後の「数学的な見方・考え方」については，2017年度に新しい学習指導要領が告示され，小学校算数の総括目標の冒頭で，「数学的な見方・考え方を働かせ，数学的活動を通して，数学的に考える資質・能力を次のとおり育成することを目指す」と強調されました。

また，学習指導要領の解説では，「事象を数量や図形及びそれらの関係などに着目して捉え，根拠を基に筋道を立てて考え，統合的・発展的に考えること」と説明されています。

しかし，実際に日々の授業を行っていく中で，

「子どもが『数学的な見方・考え方』を働かせるようにするためには，どうしたらいいのだろう…」

「『数学的な見方・考え方』を働かせている子どもの姿って，いったいどんなものなんだろう…」

「『深い学びの鍵として「見方・考え方」を働かせることが重要になる』と学習指導要領の解説には書いてあるけど，これって具体的にどういうことなんだろう…」

と疑問や謎が深まっていくばかり…，という先生方も多いのではないでしょうか。

そこで本書では，子どもたちを「『数学的な見方・考え方』を働かせる『深い学び』」に誘うための授業づくり（デザイン）の手立てを示したうえで，できる限り具体的に子どもたちの学びの姿を描き，実際の授業の板書も掲載しました。

とはいえ，本書で紹介する手立てや授業展開は，あくまで１つの例です。
本書を手にとってくださった先生方に，

「この課題なら，自分だったらこうやって授業をするかな」

「こんな手立てでやってみるのも，いいかもしれない」

などとイメージを膨らませていただき，新たな実践が生まれればと願っています。

子どもたちが「『数学的な見方・考え方』を働かせる『深い学び』」を目指したいという思いは，算数授業に情熱を注ぐすべての先生方がもっておられるはずです。本書を叩き台として，議論や実践を深めていただけるなら，これほどうれしいことはありません。

「『数学的な見方・考え方』を働かせる『深い学び』」とは何かということについて，ともに考えていきましょう！

2019年９月

今井　啓介

CONTENTS
もくじ

Chapter1

「見方・考え方」を働かせる「深い学び」の授業デザイン

1 新学習指導要領における算数の「深い学び」

「主体的・対話的で深い学び」について，『新しい学習指導要領の考え方ー中央教育審議会における議論から改訂そして実施へ』（文部科学省）の中などでは，「主体的な学び」「対話的な学び」のそれぞれについて，以下のような説明がなされています。

主体的な学び

学ぶことに興味や関心を持ち，自己のキャリア形成の方向性と関連付けながら，見通しを持って粘り強く取り組み，自己の学習活動を振り返って次につなげる「主体的な学び」が実現できているか。

対話的な学び

子供同士の協働，教職員や地域の人との対話，先哲の考え方を手掛かりに考えること等を通じ，自己の考えを広げ深める「対話的な学び」が実現できているか。

しかし，上記のような主体的な学び，対話的な学びができていたとしても，それが「深い学び」，あるいは「主体的・対話的で深い学び」になっているとは言えないことも少なくありません。

つまり，子どもたちの活動への意欲は高く，活発に仲間と話し合っていても，それがその教科や授業でしか学べない本質に向かっていないということです。

このことについては，2016年12月に示された中央教育審議会「幼稚園，小学校，中学校，高等学校及び特別支援学校の学習指導要領等の改善及び必要な方策等について（答申）」（中教審答申）には，次のように表現されています。

「アクティブ・ラーニング」の視点については，深まりを欠くと表面的な活動に陥ってしまうといった失敗事例も報告されており，「深い学び」の視点は極めて重要である。学びの「深まり」の鍵となるものとして，全ての教科等で整理されているのが，第５章３．において述べた各教科の特性に応じた「見方・考え方」である。

この「見方・考え方」については，中教審答申において次のように記されています。

「見方・考え方」には教科等ごとの特質があり，各教科等を学ぶ本質的な意義の中核をなすものとして，教科等の教育と社会をつなぐものである。

このように，「見方・考え方」は教科の本質，その中核であることがわかります。

2017年に告示された新しい学習指導要領の解説（算数編）においては，算数科・数学科における「数学的な見方・考え方」について「事象を数量や図形及びそれらの関係などに着目して捉え，論理的，統合的・発展的に考えること」と示されています。さらに，算数の学習指導要領の目標は「数学的な見方・考え方を働かせ」という言葉から始まっています。

以上のようなことからわかるように，算数において真に深い学びを目指すうえで，「数学的な見方・考え方」は欠かすことのできない重要な視点であり，それらを働かせることで算数でしか味わうことのできない学びを実現していくことができ，それこそが深い学びだと言えます。

2「見方・考え方」を働かせるとはどういうことか

新しい学習指導要領の解説（算数編）では，「数学的な見方・考え方」について，以下のように説明されています（下線筆者）。

> 今回の改訂では，目標において，児童が各教科等の特質に応じた物事を捉える視点や考え方（見方・考え方）を働かせながら，目標に示す資質・能力の育成を目指すことを示しているが，中央教育審議会答申において，算数科・数学科における「数学的な見方・考え方」について「事象を数量や図形及びそれらの関係などに着目して捉え，論理的，統合的・発展的に考えること」として示されたことを踏まえると，算数科の学習における「数学的な見方・考え方」については「事象を数量や図形及びそれらの関係などに着目して捉え，根拠を基に筋道を立てて考え，統合的・発展的に考えること」であると考えられる。

この下線部の「数学的な見方・考え方」を働かせる子どもたちの姿とは，実際にどのようなものなのかを考えていく必要があります。そこで，「数学的な見方・考え方」を「数学的な見方」と「数学的な考え方」に分けて考えてみたいと思います。

①「数学的な見方」を働かせるとは

「数学的な見方」を働かせる，すなわち「事象を数量や図形及びそれらの関係などに着目して捉える」とは，具体的にどういうことなのでしょうか。

子どもたちは，算数の問題を解決しようとするとき，

「今までに習ったことを使えばできそうだ」

「いつもと違うところがあるぞ」

などと，解決のための見通しを立てようとします。この解決の見通しを立てようとするときに目をつけるポイントこそが，「数学的な見方」であると考

えます。

次章で紹介する１年生の授業モデル「どちらが陣取りゲームに勝ったのかな？（どちらがひろい）」では，色塗りをした結果が下図のようになった場合，どちらが広いかを考えます。

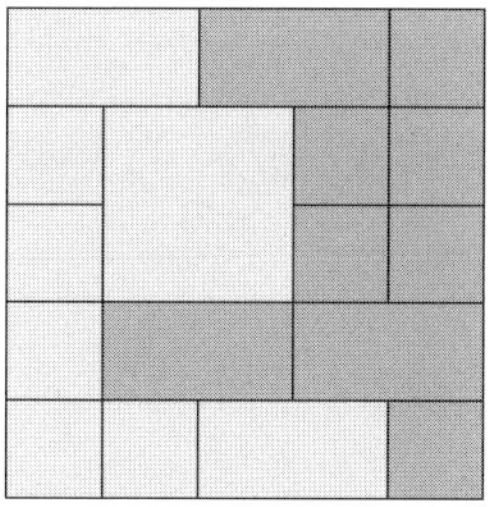

このとき，「１つ分の大きさがバラバラだから比べることができない…」と悩んだ子どもが，「そういえば，水のかさを比べるときに，同じ大きさの入れものに入れて比べたことがあったな」と既習事項を振り返り，「１つ分の量」に着目して解決の見通しを立てようとします。こういった子どもの姿こそが，「数学的な見方」を働かせる，ということであると考えます。

②「数学的な考え方」を働かせるとは

では，「数学的な考え方」を働かせる，つまり「根拠を基に筋道を立てて考え，統合的・発展的に考える」とは，どういうことなのでしょうか。

上記の実践例でいうと，「１つ分の量（広さ）」に着目したうえで，陣取りゲームの結果が「なぜそう言えるのか」を説明する段階で，「数学的な考え方」を働かせることになります。

また，授業を展開していく中で，子どもたちが見いだしたことや困ったり悩んだりしたことが「新たな問い」につながっていきます。その「新たな問い」を解決しようとする中で，統合的・発展的な考え方を働かせることになると考えます。

3 授業デザインの具体的な手立て

問題解決的な算数の授業を大きく４つの段階に分けると，概ね下のようになります。

①課題把握 → ②自力解決 → ③思考表現 → ④振り返り

算数の授業における「深い学び」をデザインしていくためには，これらの各段階で，子どもたちがどのようにして「数学的な見方・考え方」を働かせようとするかを考えることが大切になります。下図のような大まかなイメージから，本時における具体的な姿を描き，そのような姿が授業の中で実際に見られれば，教師は子どもたちが「数学的な見方・考え方」を働かせていたかどうかを的確に見取ることができます。

段階	「数学的な見方・考え方」を働かせる姿のイメージ
①課題把握	自分の予想や感覚，既習事項との間に感じたズレから課題意識をもち，数量や図形，あるいはそれらの関係に着目して捉え，解決の見通しをもとうとしている。
②自力解決	既習の知識及び技能を活用しながら，根拠を基に解決方法を考えたり，選択したり，表現したりしている。
③思考表現	自分と仲間の考え方を比較したり，よりよい方法を導こうとする中で，帰納的に考えたり，類推的に考えたり，演繹的に考えたりしている。
④振り返り	思考表現の中で見いだされた，「新たな問い」を追究する中で，統合的・発展的に考えたり，一般化を図ろうとしたりしている。

さて，ここからは，子どもが「数学的な見方・考え方」を働かせることができるようになるための，教師の手立てについて考えていきたいと思います。本書の第２章「『深い学び』に誘う授業モデル」において紹介している各授業モデルは，それぞれ３つの手立てを示しています。それらの３つの手立ては，これからあげる①～③にそれぞれ対応しています。

①課題づくりや課題提示を工夫する

教師が授業の課題を準備するとき，多くの場合，

「子どもたちの日常生活に身近なものにしよう」

「子どもたちが少し悩むような問題にしよう」

というように考えます。しかし，それだけでは，子どもたちは「解決したい！」という思いにはなかなかなりません。

そこで，子どもたちから「解決したい！」という意欲を引き出すことができる課題づくりや課題提示の工夫が必要になります。

子どもは，課題把握の場面において，既習の知識・技能を基に，題意を捉えようとします。しかし，提示される課題が，教師から一方的に与えられるものでは，子どもたちの意欲を引き出すことは難しくなります。

そこで，課題場面を提示する際に，「あれっ？」「どうして？」「これまでと違うぞ」といった予想，感覚，既習事項とのズレを感じさせるような工夫をします。

そして，

「みんなが思っていることは何？」

「何か悩んでいることがあるの？」

「ここまではできたみたいだけど…。何か解決できる方法はないかな」

などと教師が問い返すことで，課題が焦点化され，子どもたちはその解決に向けた見通しをもとうと意欲的に課題に向かっていきます。

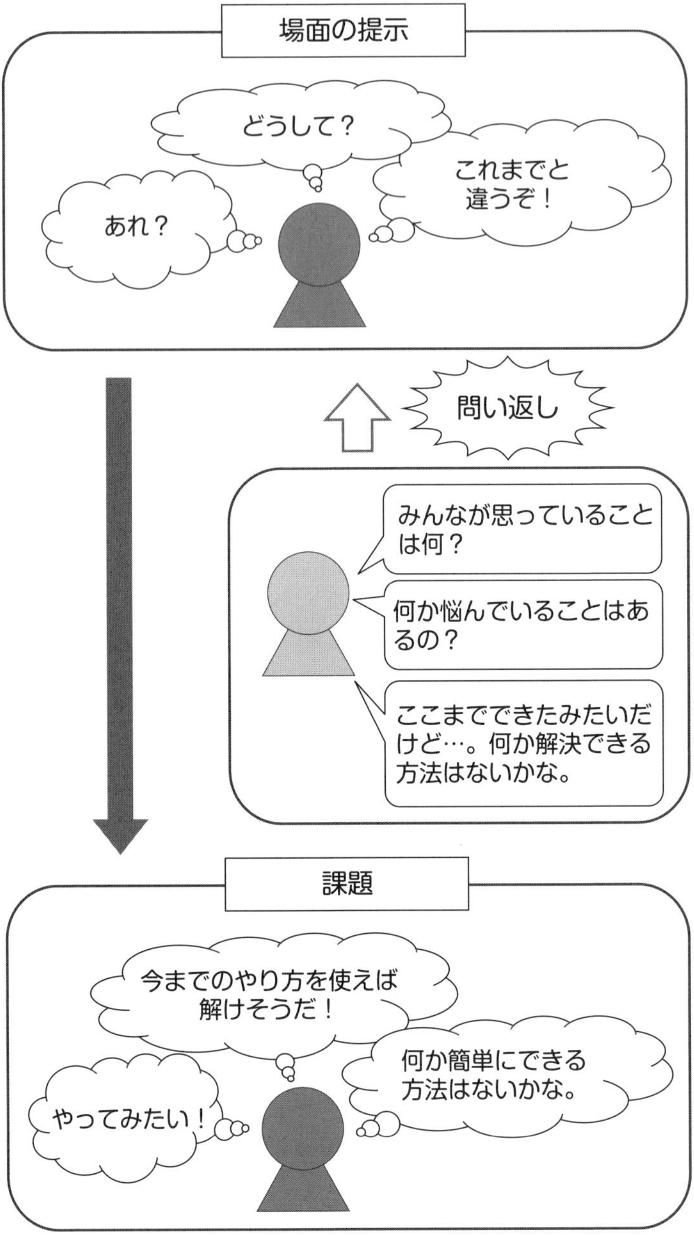
場面の提示
どうして？
これまでと
違うぞ！
あれ？
問い返し
みんなが思っていること
は何？
何か悩んでいることはあ
るの？
ここまでできたみたいだ
けど…。何か解決できる
方法はないかな。
課題
今までのやり方を使えば
解けそうだ！
何か簡単にできる
方法はないかな。
やってみたい！

ここからは，具体例に基づいて，もう少し深く考えてみたいと思います。

１年生のひき算の学習の中に，「違い」（ちがいはいくつ）があります。本時では，「違い」について子どもたちが感じる場面として，ドッジボールを行う場面を設定します。このとき，赤組と白組の人数を，赤組８人と白組５人にして提示します。たったこれだけの提示の工夫だけで，

「それだと赤組だけ多すぎる！」

「赤組の方がボールたくさん投げることができるから絶対に勝つ！」

「白組が少ないからかわいそう」

など子どもたちが思わず「つぶやいてしまう」状態をつくることができます。

T　今度，赤組対白組でドッジボールをしようと思っています。

C　やったー！　僕は何組かな？　白組がいいな。

（ドッジボールのコートを板書し，そのコートに赤組８人と白組５人を並べていく）

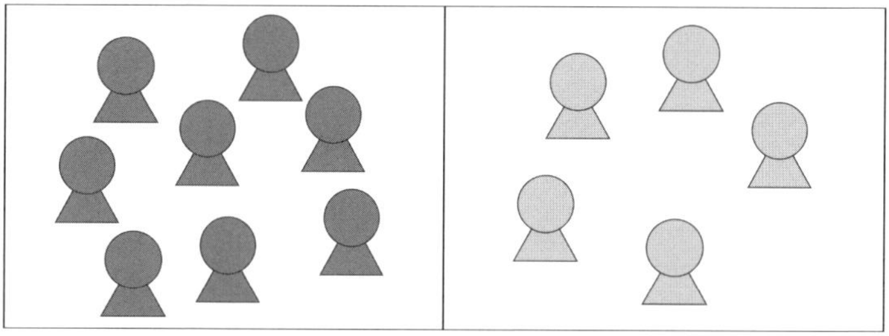

C　あれっ，赤組の方が多いよ！

C　これだと，白組がかわいそう。

C　赤組の方がいっぱいボールを投げられるから，赤組の方が絶対に勝ってしまうよ。

C　ずるい！

T　<u>みんなが思っているのはどういうこと？</u>

C　赤組の方が８人で，白組の方は５人だから，赤組の方が多いです。

C　これだと，ちゃんとした勝負になりません。

C　そうだよ。人数が違うから，ちゃんとした勝負にはならないよ！
C　紅組も白組も同じ数になればいいのに…。
T　みんなの話を聞くと，赤組の方が人数が多いんだね。このままでは，人数が違うから，ちゃんとした試合にはならないんだね。
C　そうだよ！
T　では，ちゃんとした試合にするには，どうすればいいのかな？

子どもたちは，赤組と白組の人数の違いに思わずつぶやいてしまい，その思いを問い返す中で，課題解決の見通しを立てるための意欲を引き出すことができました。

②根拠を基に理由を説明させる

子どもたちは，既習の知識及び技能を活用して，課題を解決していきます。そして，そこで考えた方法を友だちに向けて説明していきます。

ところが，このような説明し，伝え合う場面では，次のような子どもの姿をよく目にします。

・自分の考えをノートに書くことができず，友だちの考えが理解できない。
・自分の考えだけを発表して満足し，友だちの意見に興味を示さない。

このような姿をなくすために，次のような手立てを講じていきます。

●自分なりの解決方法を表現できる方法を身につけさせる

子どもたちは，自力解決の場面において，数量や図形またはそれらの関係に着目しながら，既習の知識・技能を使って課題を解決し，表現していきます。しかし，中にはそれまで学習したことを解決に生かすことができない子どもや，途中で行き詰まってしまう子どももいます。

そこで，子どもが自分に合った方法を表現できるように，その教材で必要な表現方法（術《すべ》）を系統立てて考え，それまでに子どもたちに習得させておく必要があります。つまり，本時の中だけで子どもたちに考えさせようとするのではなく，本時に至るまでにどんな術を身につけさせておくのかが大切になります。そういう術を身につけさせておくことで，子どもが「自分の方法で解決できた」という満足感を得たり，仲間の考え方についても理解したりすることにつながります。

ここでは，たし算を例に具体的に考えてみます。計算方法を図という術を活用して考えますが，どのような術がわかりやすいかを子どもたちと話し合い，一緒につくっていくことで，術が共通言語になり，１つの術の限界がみえたら，新たな術を考えることができます。

（１年生）

たし算　６＋３（合併）　○○○○○○→←○○○

６＋３（増加）　○○○○○○←○○○

（２年生）

たし算　24＋32

○○○○○…○○○○→←○○○○○○○○○○…○○○

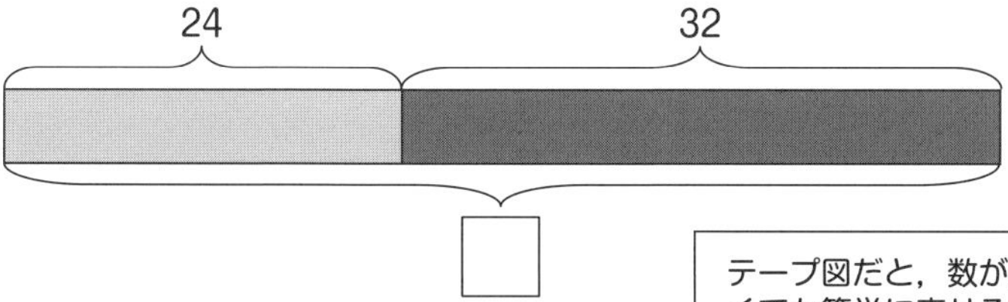

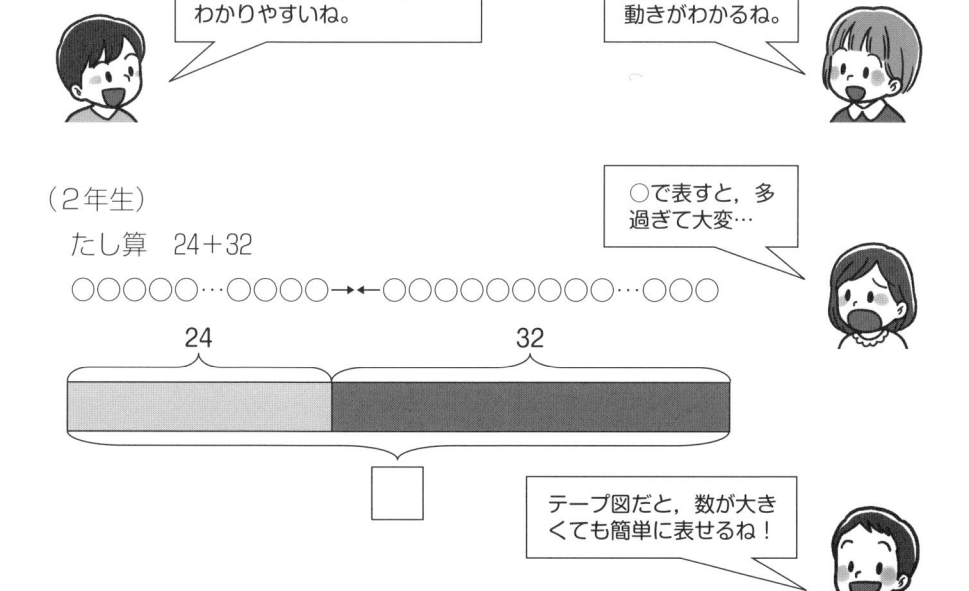

●自分の考え方と仲間の考え方を比較して，対話の内容を焦点化させる

子どもは，話し合いの場面で，既習の知識・技能を基にした自分なりの解決方法を表現します。それらを共有したり，よりよい解決方法を見いだしたりするために話し合いを行うわけですが，中には，「自分の解決方法が一番よい」「これ以外の方法はない」と思い込み，仲間の考え方のよさになかなか気づくことができない子どももいます。このような子どもは，自分の考え方と仲間の考え方の類似点や相違点を考えたり，仲間の考え方を取り入れてよりよい解決方法を考えたりしていくことができません。そこで，考え方を比較しながら，話し合いの内容を焦点化させることが必要になってきます。

考え方を比較しながら話し合いの内容を焦点化していくと，

「どの考え方もこの性質を使っているな」

「このような考え方もできるんだな」

と，共通点や相違点に気づき始めます。

さらに，考えを比較し，焦点化することで，課題と同じ状況や違った状況の場合，どの考え方を用いるか選択させることができ，「自分の考え方で解決すればよい」という思い込みから脱して，仲間の考え方をより深く理解したり，それぞれの考え方のよさに気づいたりすることができます。

③新たな課題（問い）で発展，一般化に誘う

多くの子どもたちは，本時の課題を解決すると，それで満足してしまいがちです。しかし，このような子どもたちの中には，「わかったつもり」になっているだけの子どもが少なくありません。

そこで，

「どうしていつも同じ結果になるのかな？」

「これは本当に正しいのかな？」

というような，新たな問いが生まれるような投げかけをしていくことが大切になります。子どもたちは，この新たな問いを追究する中で，統合的・発展的に考えたり，一般化を図ろうとしたりします。

さて，子どもの新たな問いを生むためには，子どもの困り感を取り上げたり，思い込みを崩す問いを投げかけたりすることが有効です。

１年生の「あわせていくつ　ふえるといくつ」の授業の場面です。

授業の冒頭で「男の子が４人います。女の子は男の子より３人多くいます。女の子は何人いますか」という課題を提示しました。この課題を解決するために，子どもたちは図をかいたり，ブロックを並べたりしながら考えていきます。そして，子どもたちが考え方を発表し，「４＋３＝７」であることから女の子が７人であることがわかりました。

ここで，式に出てくる数字の意味を問うことで，新たな問いが生まれます。

T　男の子が４人います。女の子は男の子より３人多くいます。このときの女の子は，４＋３＝７で７人っていうことなんだね。みんなは，ブロックを並べて考えていたね。

C　そうだよ！　そしたら，女の子は７人だってわかったよ。

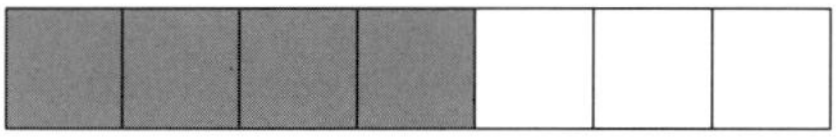

C　黄色（グレー）のブロックが男の子の４人で，白のブロックが女の子の３人だよ。そうしたら，女の子が７人ってわかったよ。

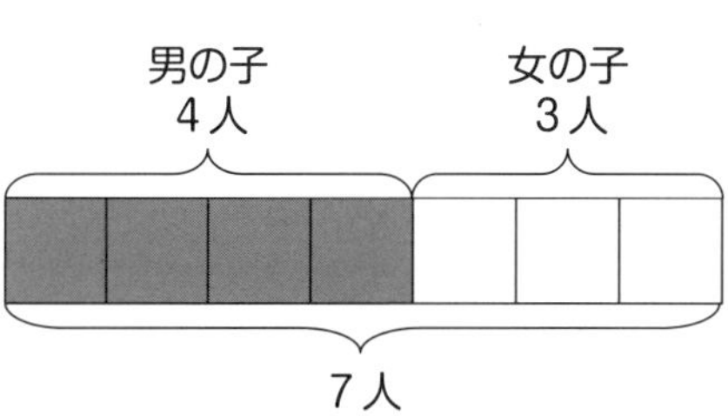

C　あれ？　でも，おかしいよ。ブロックの中に女の子は３人しかいない…。

T　どういうこと？

C　だから，４＋３をしたら７になるけど，ブロックだと女の子が３人しかいないの。

C　本当だ！　女の子は７人いるはずなのに，３人しかいない！

多くの子どもたちは，この課題を４＋３＝７と考え，図やブロックを使って，女の子の人数を７人と求めます。しかし，子どもたちは図やブロックの意味を理解しないまま，「４＋３だから，今まで通り図をかいたり，ブロックを並べたりすればいい」と思い込んでいます。

そこで，式に出てくる数字とブロックを関連づけて投げかけることで，

「『７』はいったい何の数なのかな？」

「図のかき方やブロックの並べ方はこれで合っているのかな？」

と，子どもたちの新たな問いを生み出します。

この後，授業は次のように展開していきます。

T　４＋３＝７の「７」は，女の子の数でいいの？

C　そうだよ！　ブロックを見ると３人しかいないけど…。

C　わかった！　女の子が隠れてるんだよ！

T　「隠れてる」って，どういうこと？

C　だから，今，ここに男の子の４個と女の子の３個があるでしょ。でも，女の子は男の子より３人多いっていうんだから，あと４人女の子が隠れてるの！

C　僕もわかった。こうやってブロックを並べるといいんだよ！

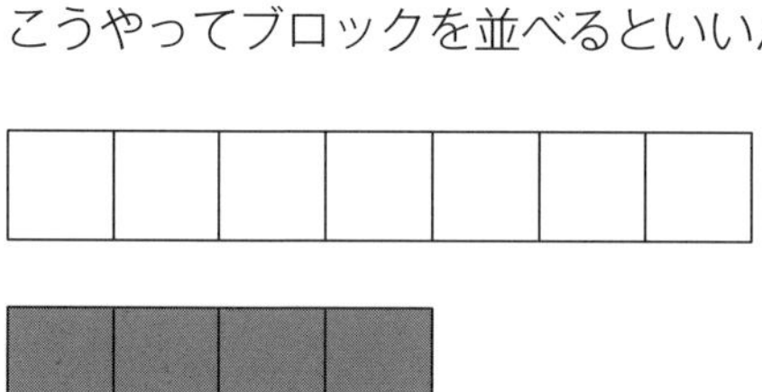

C　本当だ，女の子が７人になった！

T どうして，そうやって並べたの？

C こうやって，線を引いていくと，４つは同じ数ってわかるから，その線をつないだ４人に後３人並べなきゃいけなかったの。

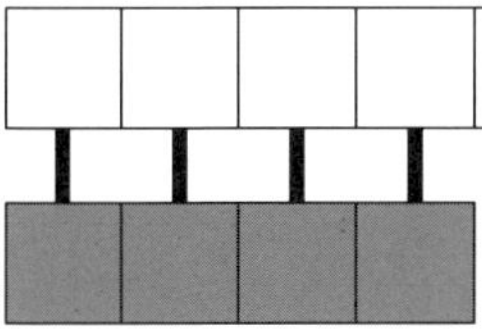

T なるほどね！ 男の子と同じ数だけの女の子がいたんだね。だから，女の子は７人なんだ。

新たな問いを解決するために，子どもたちは１対１対応の学習を思い出し，そのことを使って説明を行いました。

このように，１つの課題を解決したら終わり，ではなく，常に新たな問いが生み出されるように働きかけることで，「数学的な見方・考え方」を働かせる機会は増えていきます。また，こうして習得した知識や技能は，それまでに学んできたことと関連づけて理解され，新たに出会う課題でも活用できるようになっていきます。

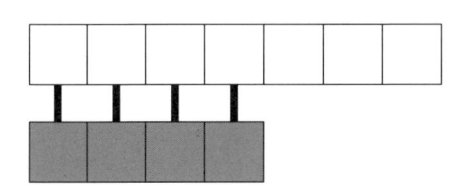

Chapter2

「見方・考え方」を働かせる「深い学び」の授業モデル

どちらが長く切れたかな？

1 単元の指導計画

❶鉛筆，ネームペン，リボンの３種類の中で
一番長いものはどれか考える …１時間
❷長方形の折り紙の縦と横の長さでは
どちらが長いかを考える …１時間
❸色鉛筆のケースの縦と横の長さでは
どちらが長いかを考える …１時間
❹長く切った折り紙の長さの比べ方を考える …１時間
❺方眼紙の上に置かれたものの長さが
ますのいくつ分か考える …１時間

2 「深い学び」に誘う授業デザイン

本時は❹の第１時に当たり，２つの折り紙を途切れないように切り，どちらが長いか考える活動を行います。曲がっているものをまっすぐにして長さを比べたり，同じ長さのものがいくつ分あるかを考えたりすることを通して，「長さを比べるときは，同じ長さがいくつ分あるかで比べることができる」という長さの比べ方についての理解を深めていきます。

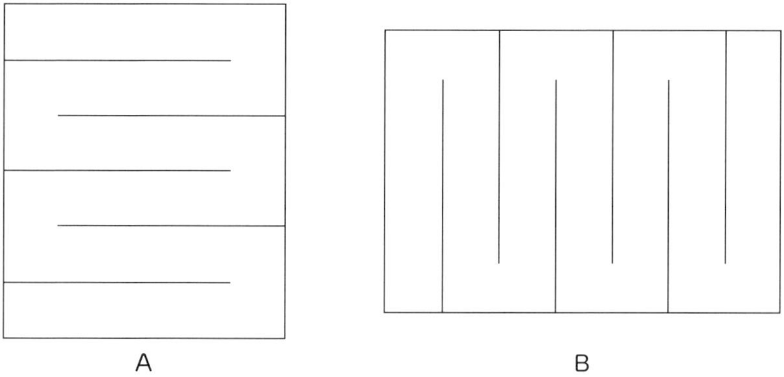

①AとBはどちらが長いか比較して考えさせる

折り紙を長く切る遊びをするという場面設定を伝えます。このとき，このままの状態では比べにくいことから，子どもたちは自然にAとBの切ったものを伸ばして重ねたり，任意単位を使ったりしながら比較して考えていくようになります。

②1つ分の長さの関係に着目し，根拠を基に理由を説明させる

AとBではどちらが長いかということについて，「なぜそう言えるのか」（根拠）を尋ね，1つ分の長さが同じであることに着目した理由の説明を引き出します。

③発展的に考えるきっかけとなる問いを投げかける

授業終末の振り返りの段階で，

「この平均台の長さはどちらの方が長いかな？」

と発問することで，「同じ長さの平均台がいくつ分かな」「短く見えるけど，やっぱり長いのかな」と発展的に考えるきっかけを与えます。

3 評価規準と授業展開

評価規準

●どちらが長いかという理由を，１つ分の長さが同じであることに着目して説明している。【思考・判断・表現】

●長さの比べ方である直接比較，間接比較，任意単位を基に，どちらが長いか具体物を操作しながら考えようとしている。【主体的に学習に取り組む態度】

(1)AとBではどちらが長いか考える

まず，黒板に下の図のように切った折り紙を提示します。

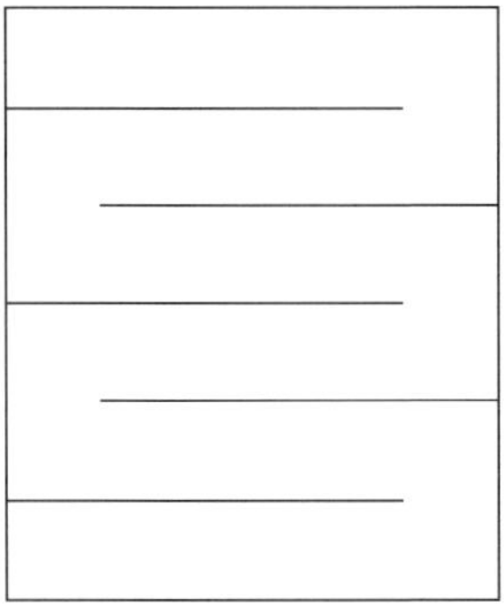

A

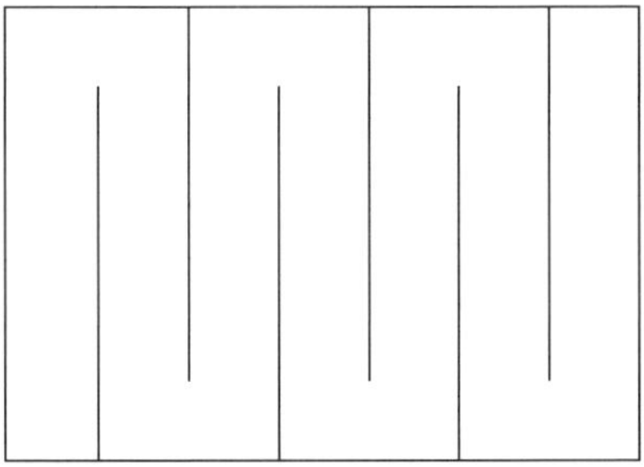

B

T　AとBを伸ばしたとき，どちらの方が長いかな？

C　よくわからないね…。

C　ピンと伸ばしてみたらどうかな？

C　ピンと伸ばしても真っすぐにはならないから，もっと簡単にできないかなぁ…。

T　真っすぐにならずに，でこぼこしてるから比べにくいですね。簡単に比べられる方法はないかな？

（ＡとＢの長さを比べる方法を一人ひとりが考える）

⑵ＡとＢの長さの比べ方について説明する

どちらが長いかということについて，どのように比べたか発表させます。このとき，真っすぐに伸ばすという方法では比べにくいということから，より簡単で正確に長さを比べる方法として，１つ分の長さが同じであることを利用した，任意単位を使う方法について考えさせます。

T　真っすぐに伸ばしても，でこぼこしていてどちらが長いかわかりにくいですね。

C　真っすぐ伸ばさなくてもわかるよ！

C　同じ長さが何本かを数えれば，どちらが長いかわかります。

C　なるほどね！

T　「何本か数える」ってどういうこと？

C　Ａは同じ長さが６本で，Ｂは同じ長さが７本あるから，Ｂの方が長いです。

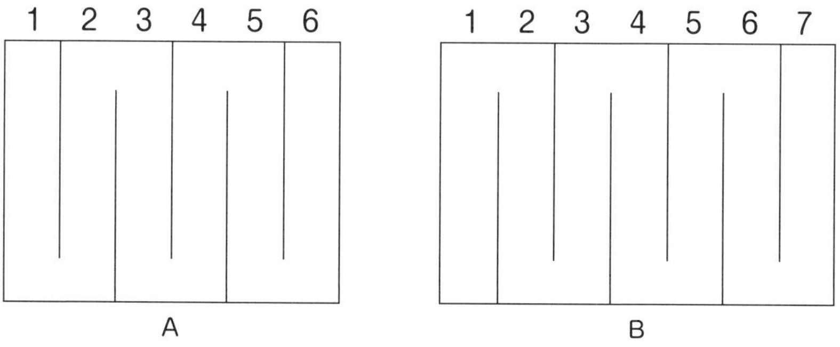

C　この１つ分の長さはどれも同じだから，この長さがいくつ分あるかでどちらが長いかわかるよ！

C　これを切ったとすると，細長い四角形になってて，その長さはどれも同じです。

（細長い１本の四角形を切って重ね合わせる）

C　本当だ，同じ長さだ！

⑶学習を振り返り，発展的に考える

本時の学習を振り返るだけでなく，体育の時間に使う平均台を例にどちらが長いか考えます。

①と②の平均台はどちらの方が長いですか。
比べ方を書きましょう。

①
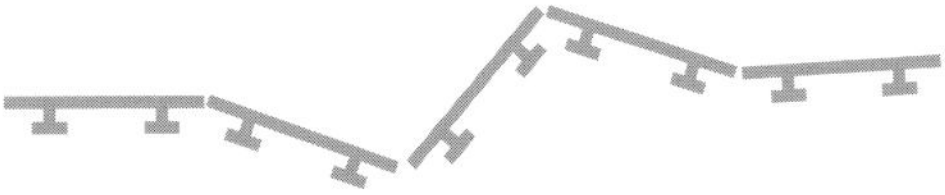

②
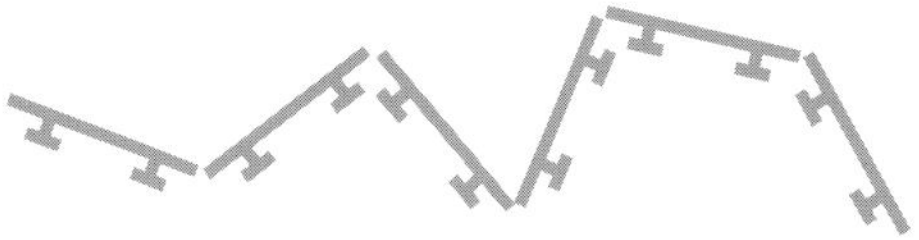

T　①と②の平均台の長さは，どちらの方が長いかな？

C　さっきやった「同じ長さのものがいくつ分」で比べられそうだね。

C　同じ長さに見えるけど，だまされないぞ！

C　数えてみたら，もとになる平均台の数が②の方が多いね。

C　②の方が長い！

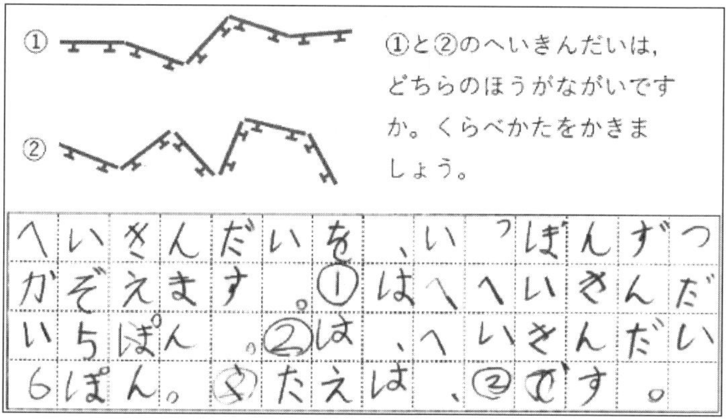
①
②
①と②のへいきんだいは，どちらのほうがながいですか。くらべかたをかきましょう。
へいきんだいを、いっぽんずつかぞえます。①は、へいきんだいちぽん。②は、へいきんだい6ぽん。こたえは、②です。

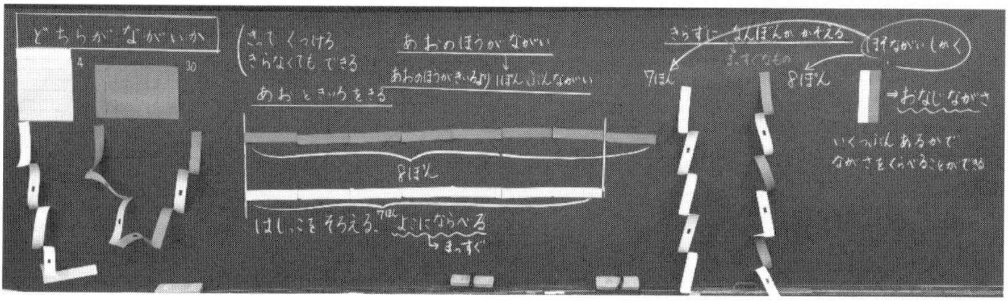
どちらがながいか
4
30
きって くっつける
きらなくても できる
あおのほうがながい
あおのほうがきいろより1ぽんぶんながい
あおときいろをきる
8ぽん
はしっこをそろえる。
7ほん
よこにならべる
まっすぐ
きらずに なんぼんか かぞえる
まっすぐなもの
7ほん
8ぽん
おなじながさ
いくつぶんあるかで
ながさをくらべることができる

水がたくさん入る入れ物はどちらかな？

1 単元の指導計画

❶異なる容器の水のかさはどちらが多いか考える。 …3時間
❷様々な入れ物に入る水のかさについて考える …2時間

2 「深い学び」に誘う授業デザイン

本時は❶の第3時に当たり，アとイの容器の水のかさを，大きいコップと小さいコップを使って量ります。

㋐の入れ物は大きいコップ1つと小さいコップ8つ，㋑の入れ物は大きいコップ6つと小さいコップ2つであるという結果から，かさを量る際に用いるコップの大きさをそろえなければ，比べることができないということに気づかせ，直接比較や間接比較，任意単位による比較を活用しながら，任意単位についての理解を深めていきます。

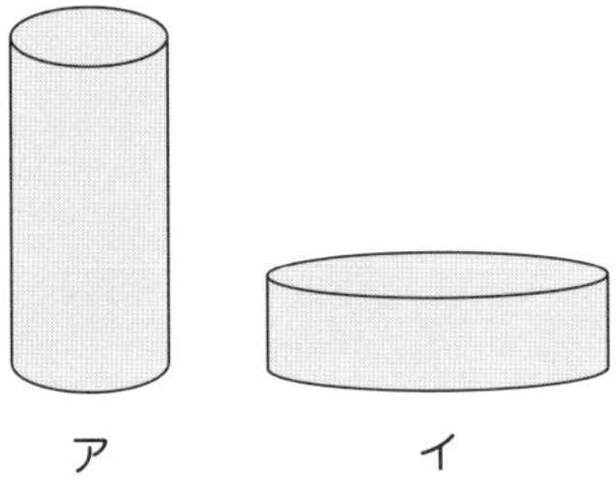

	大きいコップ	小さいコップ
㋐	1	8
㋑	6	2

①計測した結果を基にどちらが多く入るか比較して考えさせる

２つの容器のかさについて問うと，容器の見た目で判断したり，直接比較や間接比較をして確かめたりする子どもも少なくありません。任意単位の必要性に気づかせるために，大きいコップと小さいコップの両方を使って計測した結果から，どちらの方がより多くの水が入るのかを比較して考えさせます。

②コップ１つ分のかさに着目し，根拠を基に理由を説明させる

形の違う容器のかさの比べ方について，「なぜそう考えるのか」（根拠）を尋ね，コップ１つ分のかさに着目した説明を引き出します。

③もう１つ容器を提示し発展的に考えさせる

授業終末の振り返りの段階で，任意単位での比べ方の便利さに気づかせるために，別の容器ウを提示し，イの容器と比べどちらが多く入るか発展的に考えさせます。

3 評価規準と授業展開

評価規準

●形が違う容器のかさの比べ方を，任意単位の１つ分の大きさに着目して説明している。　**【思考・判断・表現】**

●任意単位を基に，形が違う容器のかさを比べようとしている。　**【主体的に学習に取り組む態度】**

(1) 2つの形の違う容器はどちらの方がたくさん入るか考える

まず，右図のような２種類の容器を見せます。

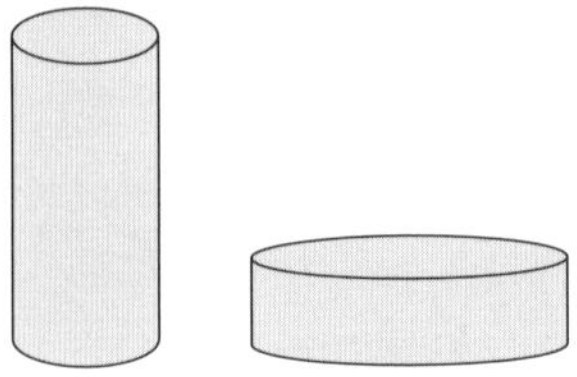

T　アとイの入れ物があります。この中に水を入れたとき，どちらの方がたくさん入ると思いますか？

C　アの方が細長いから，アの方がたくさん入るんじゃないかな？

C　でも，イは横広がりだから，イの方がたくさん入るかもよ。

T　では，実際に水を入れてみましょう。
ア…大きいコップ１杯，小さいコップ８杯
イ…大きいコップ６杯，小さいコップ２杯

C　コップの数はアが９杯で，イが８杯だから，アの方がたくさん入るんじゃないかな。

C　でも，水を入れているコップの大きさが違うから，どっちが多いかわからないね。

C　同じ大きさのコップだったら，どっちにたくさん入るかわかるのに。

(2) 実際に道具を使って確かめる

大きさの違う２種類のコップでは，かさを比べることはできないということがはっきりしたところで，実際に道具（２種類の容器とコップ）を使って比べる活動を行い，比べ方について考えさせます。

T　それでは実際に道具を使って，どちらの入れ物の方がたくさん入るか考えてみましょう！
（しばらく各自で活動する時間を取る）

T　さて，どちらの方がたくさん入りましたか？

C　イです！

T　では，なぜイの方がたくさん入るのか理由を説明してもらえますか？

C　大きいコップだけで量ったら，アは５杯分で，イは７杯分だったので，イの方がたくさん入ります。

C　僕たちも同じようにしたら，イの方が大きいコップ２杯分多かったです。

T　細長いアの方がたくさん入るって言ってる人もいたけど，イの方がたくさん入るんだ。

C　はい。僕たちは小さいコップで量ったんだけど，アは10杯分で，イは14杯分になったから，イの方がたくさん入ると思います。

C　同じ大きさのコップで量ればいいんだよ！

T　なるほど，同じ大きさのコップで何杯分かを量ればいいんだね！

⑶別の容器と比べてみる

本時の学習を振り返るために，別の容器ウを用意し，イの容器と比べてみます。

T　かさを比べるときは，同じ大きさの容器を使って比べればよいことがわかりましたね。実はもう１つウの容器があるんだけど，イと比べたとき，どちらの方が多く入るか考えてみましょう。

C　小さいコップを使って比べてみよう！

C　僕たちは大きいコップを使って比べてみるよ。

C　比べるだけなら，イの水をウの入れ物に入れたらわかるよね。

T　では，次の時間にどちらがたくさん水が入るか発表しましょうね。

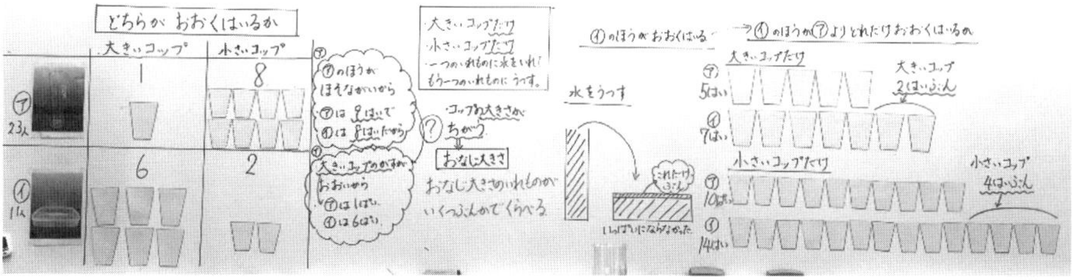

どちらが陣取りゲームに勝ったのかな？

1 単元の指導計画

❶４種類の紙の広さの比べ方を考える …１時間
❷陣取りゲームを行う …１時間
❸２種類の形の広さはどちらが広いのか考える …１時間

2 「深い学び」に誘う授業デザイン

本時は❸に当たり，下図のようにア・イ・ウの３つのタイルを敷き詰めて行う陣取りゲームの結果について，どちらが広いかを考えることを通して，広さについての理解を深めていきます。

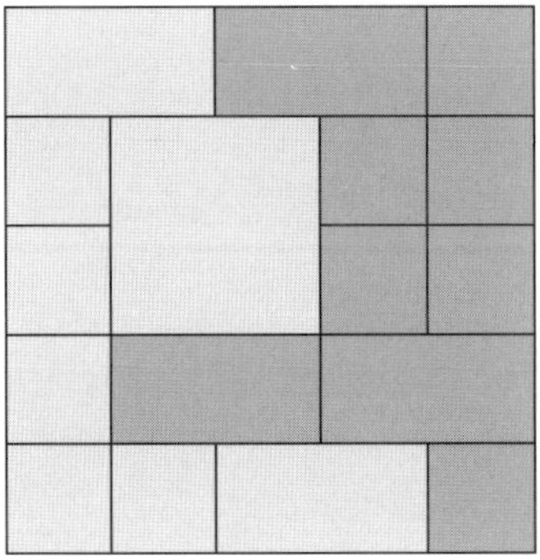

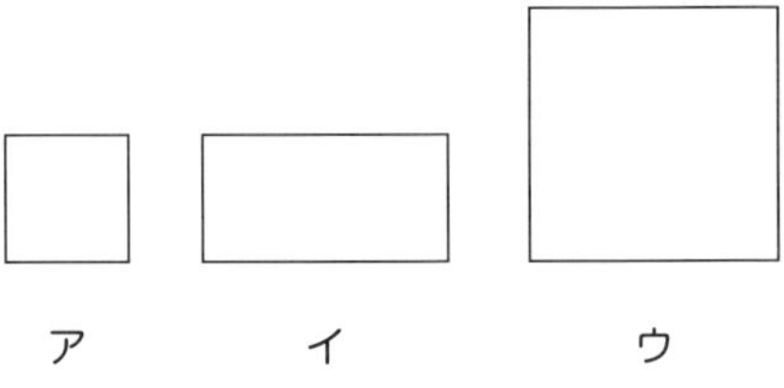

①陣取りゲームの結果からどちらが広いかを比較して考えさせる

広さを尋ねるだけでは，何を基準に考え，何と比べればよいのかわからない子どもたちもいます。そこで，陣取りした結果を比較させます。

②それぞれの１つ分の広さに着目し，根拠を基に理由を説明させる

陣取りゲームの結果について，「なぜそう言えるのか」（根拠）を尋ね，それぞれの形の１つ分の広さの関係に着目した説明を引き出します。

③任意単位を理解し，一般化していくために陣取りゲームを行う

授業終末の振り返りの段階で，
「実際に陣取りゲームをしよう」
と投げかけることで，「今度は小さい四角形の広さがいくつ分あるか数えて，どれだけ広いかを比べてみよう」「違う形でも同じ広さなら比べられるかもしれない」といった意欲を引き出し，任意単位を使って広さを比べ，一般化していくための陣取りゲームを行います。

3 評価規準と授業展開

評価規準

●どちらが広いかという理由を，任意単位に着目して説明している。
【思考・判断・表現】

●大きさの違う四角形の広さの関係に気づき，どちらが広いかということを考えようとしている。【主体的に学習に取り組む態度】

⑴陣取りゲームの結果について自力で考える

まず，黒板に右図のような陣取りゲームの結果を提示します。

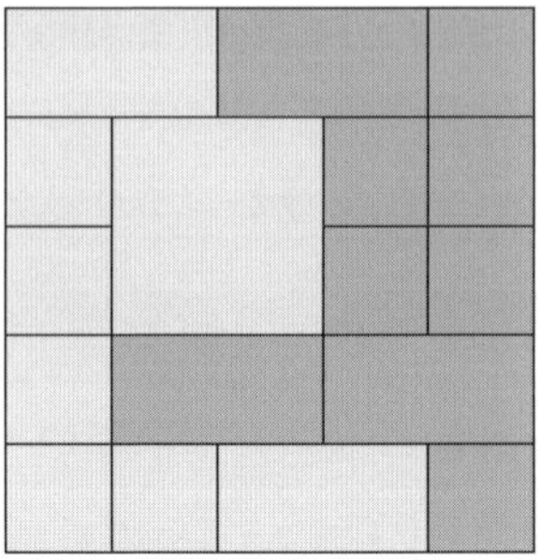

T　陣取りゲームをした結果，このようになりました。どちらの方が広いかな？

C　白の方が８個で，黒の方が９個だから，黒の方が広いと思うよ。

C　でも，白の方は大きい四角形があるから，８個しかなくても白の方が広いかもしれないよ。

C　そうだよ。３つも違う形があるから，数だけじゃわからないよ。

C　みんな同じ広さだったらわかるのに…。

T　みんな同じ広さだったらわかるの？

C　同じ広さだったら，数を数えたらわかるよ。

（どちらが広いか，一人ひとり考える）

⑵どちらが広いかについて説明する

「みんな同じ広さだったらわかるのに」という思いをもたせ，考えさせた後，どちらが広いかについて説明させていきます。

T　白と黒ではどちらが広かったですか？

C　白です！

T　そうなの？　塗ってある数は白が８個で，黒が９個だったのに，白の方が広いの？

C　一番広いウはアが４個分の広さで，イはアが２個分の広さです。それで，白はこのアがいくつ分あるか数えてみると13個でした。同じようにして数えたら黒は12個になりました。

C　アを４枚つなげるとウと同じ広さになるっていうことか！

C　本当だ，重ねると同じ広さになったよ！

T　ということは，同じ広さがいくつ分あるか数えれば，どちらが広いかわかるっていうことなんだね！

C　うん！　同じ広さがいくつ分か数えれば，広さを比べることができるんだ！

(3)陣取りゲームを行い，任意単位を使って説明する

本時の最後には，実際に陣取りゲームを行い，どちらが広いか任意単位を使って説明させます。

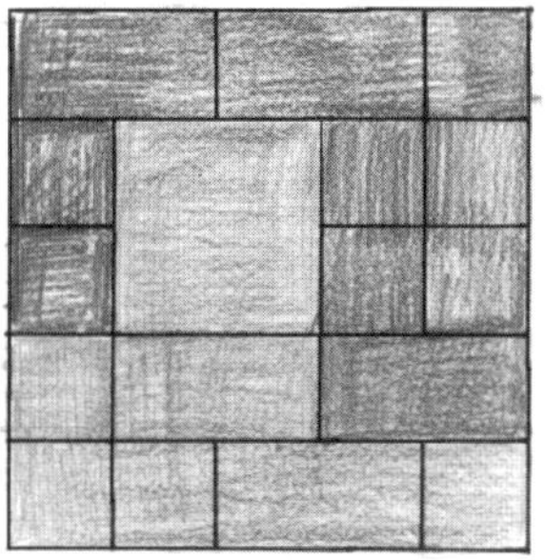

T　では，実際に陣取りゲームをしよう！
（陣取りゲームをして，どちらが広いか考えさせる）

C　黒（濃い色の方）が10個塗れてて，白（薄い色の方）が７個塗れてるね。

C　アの広さがいくつ分かで考えると，黒は13個分，白は12個分の広さになるね！

C　ということは，黒の方がア１つ分だけ広いんだ！

C　黒の方が３個も多く塗れてたのに，広さはア１つ分しか広くないなんて，不思議だね。

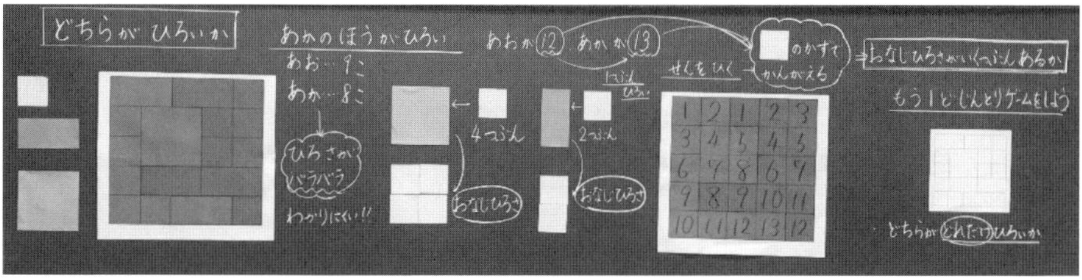

1年　大きな数

3つの数の中で一番大きいのはどれかな？

1 単元の指導計画

❶3けたの数の構成について理解する …7時間
❷3けたの数の加法や減法を行う …3時間
❸3けたの数の大小について考える …2時間

2 「深い学び」に誘う授業デザイン

本時は❸の第1時に当たり，下図のような3種類の数の大小を考えることを通して，3けたの数の大小についての理解を深めていきます。

A	4	7	㋐
B	3	9	㋑
C	4	㋒	8

①3種類の3けたの数の大小を比較して考えさせる

はじめからすべての数字を見せて1番大きい数はどれかを問うと，位に着目しない子どもたちもいるため，３種類の数のそれぞれの数字を１つずつ隠しておくことで位に着目させ，３種類の３けたの数の大小を比較して考えさせます。

②それぞれの位の数に着目し，根拠を基に理由を説明させる

３けたの数の大小について，「なぜそう言えるのか」（根拠）を尋ね，位の数字に着目した理由の説明を引き出します。

③発展的に考えるきっかけとなる問いを投げかける

授業終末の振り返りの段階で，
「他の数も大きい順に並べることができますか？」
と発問することで，「他の数でも確かめてみたい」「僕も問題をつくってみたい」と，発展的に考えるきっかけを与えます。

3 評価規準と授業展開

評価規準

●一番大きい数であると言える理由を，位の数字に着目して説明している。
【思考・判断・表現】

●３けたの数の大小関係を，位の数の大きさを基に比べようとしている。
【主体的に学習に取り組む態度】

(1)３種類の３けたの数の大小について自力で考える

まず，黒板に次ページの図のように３種類の３けたの数を提示します。

A	4	7	㋐
B	3	9	㋑
C	4	㋒	8

T　ここに３種類の３けたの数がありますね。この中で一番大きい数はどれかな？

C　あれ？　隠れている数字があるよ。いくつかわからないや。

C　でも，ＡかＣだ！

C　Ｂは絶対に違うよ。

T　なんか，「Ｂは絶対に違う」って言ってるんだけど，すべて数字が見えていないのに，どうしてＢは絶対に違うって言えるの？

C　だって，Ｂだけ百の位の数字が３だからです。

C　ＡとＣの数字の㋐と㋒の数字はわからなくても，百の位の数字が３で，一番小さいからです。

C　なるほどね！　確かに，Ｂだけ百の位が３だから，一番小さいっていうことがわかるね。

⑵ＡとＣではどちらが大きいかについて考える

　Ｂが一番小さいということがはっきりしたところで，残りのＡとＣではどちらが大きいかということについて考えさせます。

T　では，ＡとＣでは，どちらの方が大きいですか？

C　㋐と㋒の数字によって変わってくるよ！

T　そうなんだ。では，どんな数字のときはＡの方が大きくなるの？
（しばらく各自で考える時間を取る）

T　では，どんな数字のとき，Ａの方が大きくなるのですか？

C　㋒の数が１～７のとき，Ａの方が大きくなります。

C　僕は㋒の数が１～６のとき，Ａの方が大きくなると思います。

T　㋐の数字ではなくて，㋒の数字がわかればいいということですが，どうして㋒の数字がわかればいいのかな？

C　㋒は十の位だから，十の位の数字を見て，どちらが大きいかを比べればいいからです。

C　そうだよ！　だから，十の位の数字がいくつかわかればどちらが大きいかがわかるよ！

C　でも，㋒が７のときはわからないと思うけど…。

C　本当だ！　７のときは，十の位の数字が同じだからわからないね。

T　本当だね。そういうときはどうするの？

C　そういうときは，今度は一の位の数の大きさで決めればいいんだよ！

C　そっかー。ということは，大きい位の数字から順に大きさを比べていけばいいんだね。

⑶学習を振り返り，他の数でも確かめてみる

本時の学習を振り返るだけでなく，子どもたちにもっといろんな数の大きさを比べてみたいと思わせる問いを投げかけます。

T　それでは，今から１～９までの数カードを配ります。そして，その数カードを３枚引き，一の位からカードをめくっていって，大きい数を出した方が勝ちになります。２人で勝負してみましょう。

C　僕は一の位が５で，十の位が２で，百の位が７だから725だ！

C　僕は一の位が４で，十の位が３で…。

C　百の位の数字が１～６なら，僕の勝ちだ！

C　百の位の数字は…８でした！　やったー，僕の方が大きいぞ！

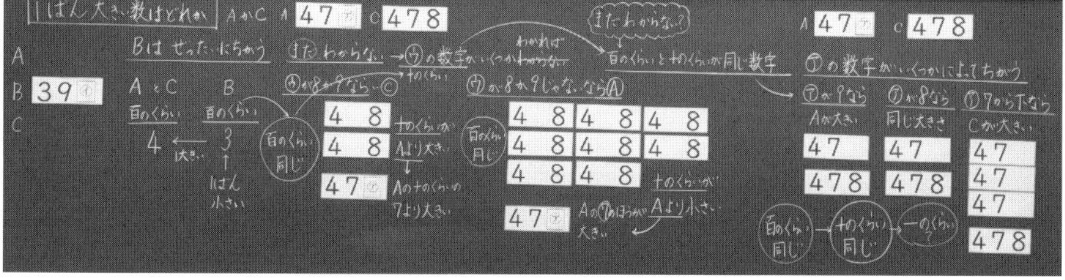

一番広い形はどれかな？

1 単元の指導計画

❶直角二等辺三角形を並べ，
面積の保存性や等積変形について考える …3時間
❷数え棒を並べたり格子点を直線で結んだりする活動の中で，
形を線で捉える …2時間

2 「深い学び」に誘う授業デザイン

本時は❷の第2時に当たり，色板を敷き詰めてできた下の図形（A～Cの3種類）の広さを比べる活動を通して，広さの比べ方についての理解を深めていきます。

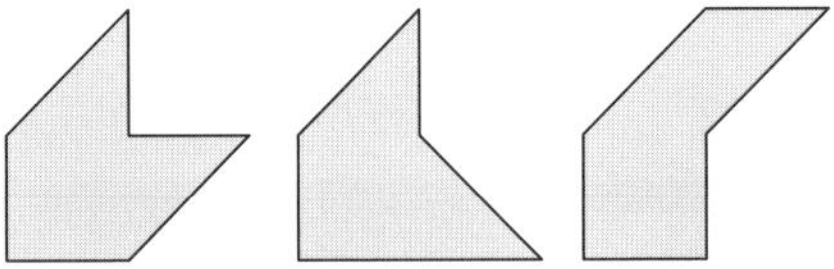

A　B　C

①角と辺の長さに着目し，敷き詰めさせる

イメージだけでは同じ広さの直角三角形を使うということがわかりにくい

ため，全員に具体物を配付し，実際に敷き詰めて考えさせます。

②具体物を操作して見いだした根拠を基に理由を説明させる

広さが同じであるということについて，「どのように考えたのか」（根拠）を尋ね，具体物を操作しながら，敷き詰めたり，移動させたりする方法に着目した理由を説明させます。

③同じ広さになる形をつくる方法を発展的に考えさせる

授業終末の振り返りの段階で，

「他にも同じ広さの形ってあるのかな？」

と発問します。さらに，

「１枚だけ動かして，いろいろな形をつくってみましょう」

と投げかけることで，発展的に考えるきっかけを与えます。

3 評価規準と授業展開

評価規準

●直角二等辺三角形を敷き詰めた形の広さが同じであると言える理由を，具体物を操作しながら広さに着目して説明している。

【思考・判断・表現】

●広さの定義を基に，敷き詰めたり等積変形したりしながら，同じ広さの形を見つけようとしている。 **【主体的に学習に取り組む態度】**

(1) 3つの形の広さについて自力で考える

まず，黒板に次ページの図のような３つの形を提示します。

T　この３つの形の中で一番広い形はどれかな？

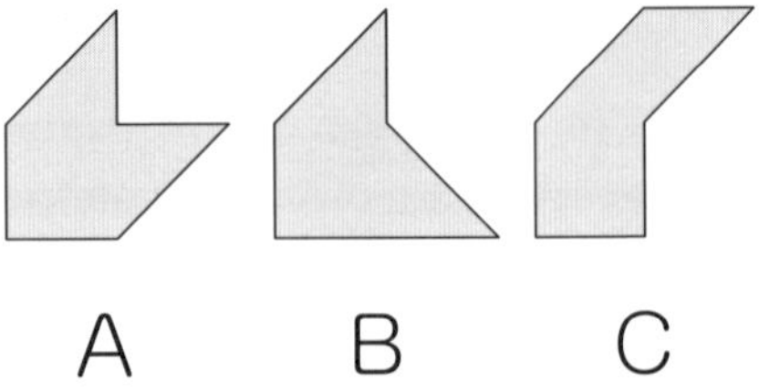

C　Ａが一番広そう。

C　Ｂのような気がする。

（各自で考える時間を取る）

C　全部同じ広さでした！

T　「同じ広さ」と考えている人がいますね。なぜそう言えるのか，理由を説明できる人はいますか？

C　三角の色板を上に並べていくと同じ枚数でできたからです。

C　どの形も４枚の色板でできたから，同じ広さだとわかりました。

⑵違う考え方（等積変形）について考える

３つの形の広さが同じであるという意見が出されたところで，「でも，この３つの形って全然違うけど，本当に同じ広さといってよいのか」ということについて考えさせます。

T　でも，この３つの形って全然形が違うけど，本当に同じ広さって言っていいのかな？

（各自で考える時間を取る）

C　１枚動かしたら，同じ広さってわかるよ！

T　「１枚動かしたら」ってどういうこと？

C　まず，きつね（Ａ）を並べて，ここ（右下の直角三角形）をこうやってくるっと回すと，滑り台（Ｂ）になります。

T　これって，本当に滑り台になったの？

C　うん，キツネから滑り台に変身するの。

T　変身するの。おもしろいこと言うね。でも，これって本当に同じ滑り台なのかな。

C　他の滑り台とぴったり重ねればいいと思います。

C　ピッタリ重なった！

C　同じ広さだ。

T　ということは，キツネと滑り台は同じ広さなんですね。

C　滑り台のここ（右下の直角三角形）をくるっと回して，上にもっていくと煙突（C）になって，煙突のここ（右上の直角三角形）を下におろすとキツネになります。

T　１枚色板を動かすと同じ形になるから，同じ広さっていうことなんですね。

⑶等積変形を活用し，同じ広さの形を発展的に考える

本時の学習を振り返るだけでなく，１枚動かせば同じ広さの形ができるおもしろさを感じた子どもたちに「もっといろんな形をつくってみたい」と思わせる問いを投げかけます。

T　１枚動かして形を変形させると同じ広さか確かめることができましたね。では，他にも同じ広さの形ってあるのかな？　１枚だけ動かして，いろいろな形をつくってみましょう。

C　大きな三角形ができたよ！

C　細長い四角形もできた！

C　全部で何種類あるのかな？

T　では，次の時間に，何種類の形ができるか調べてみましょう。

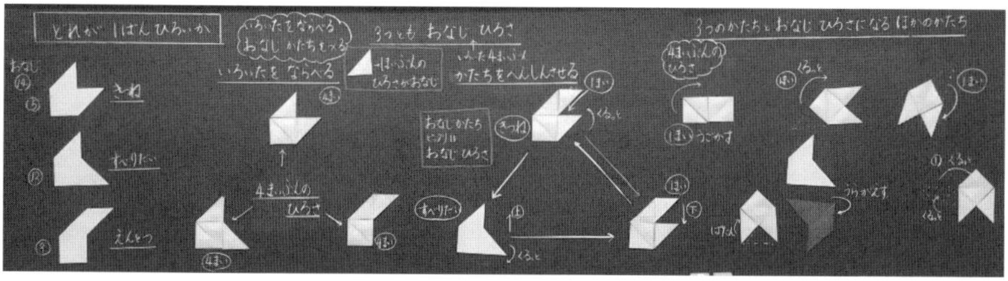

240はどこかな？

1 単元の指導計画

- ❶３位数の読み方，表し方，構成について理解する　…４時間
- ❷1000未満の相対的な大きさを理解する　…４時間
- ❸何十，何百の計算をする　…１時間
- ❹数の大小関係を表す　…３時間

2 「深い学び」に誘う授業デザイン

本時は❷の第２時に当たり，下のような数直線を用意し，240に当たる位置に矢印をつける活動を通して，数の相対的な大きさについての理解を深めていきます。

①それぞれが決めた240の位置を比較させ，問いをもたせる

あえて数字が何もかかれていない数直線を提示し，240はどこかを尋ねると，子どもたちはそれぞれの考えで240の位置を決めて矢印をつけます。そこで，それぞれが矢印をつけた場所を比較させることで，「どうしてここに

したのだろう？」「矢印の位置が違うのはなぜだろう？」という問いをもたせます。

②1つの目盛りの大きさに着目し，根拠を基に理由を説明させる

数直線上の240の位置がそれぞれ違うことについて，「なぜそうなるのか」（根拠）を尋ね，１つの目盛りの大きさに着目した理由の説明を引き出します。

③逆向きに考えるきっかけとなる問いを投げかける

授業終末の振り返りの段階で，今度は目盛りが示されていない数直線上の１か所に矢印をかいて，

「ここの数はいくつですか？」

と発問することで，その位置がいくつになるのかを考えさせます。

3 評価規準と授業展開

評価規準

●数直線上の矢印が示す数について，１目盛りの大きさに着目して説明している。
【思考・判断・表現】

●１目盛りの大きさによって数直線上の数の位置が変わることを基に，矢印で示された数の大きさについて考えようとしている。
【主体的に学習に取り組む態度】

(1)数直線上の240がどこか自力で考える

まず，黒板に次ページのような数直線を提示します。

T　数直線があります。240はこの数直線のどこでしょうか？

C　240はたぶんあそこだね！

（しばらく各自で考える時間を取る）

T　240はどこですか？

C　僕はここだと思います。

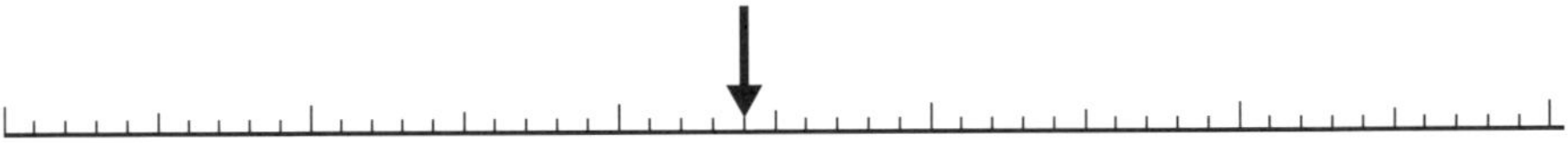

C　私も同じところに矢印をつけたよ！

C　僕は違うところに矢印をつけたんだけど…。

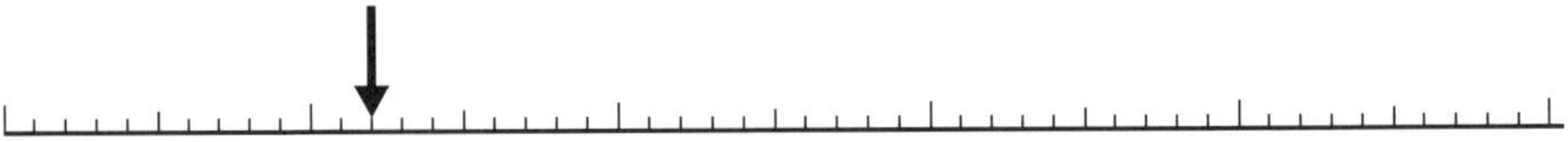

T　どういうこと？　同じ240なのに，矢印の位置が違うの？　もしかして，他の位置に矢印をつけた人もいますか？

C　僕は違うところにつけたよ！

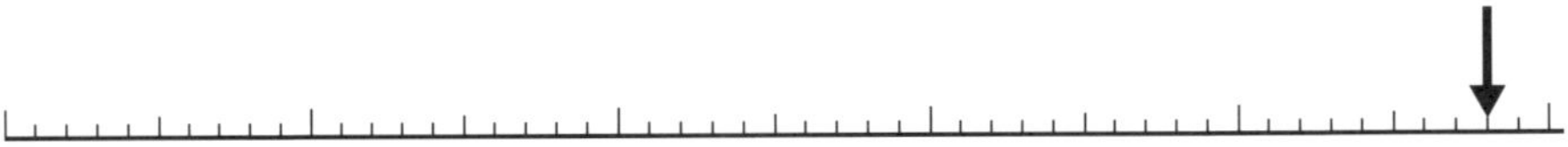

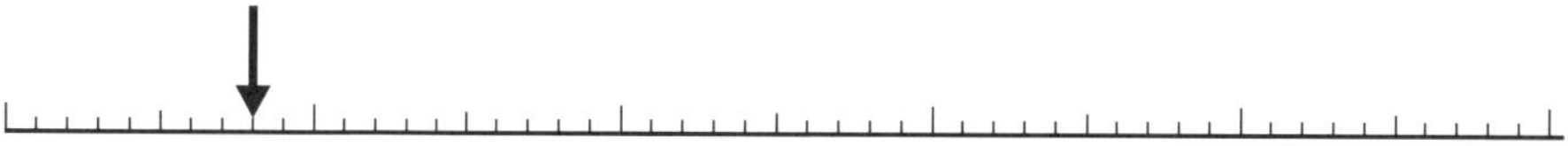

C　どうしてこんなに矢印の位置が違うんだろう…？

(2)矢印の位置が人によって違う理由について話し合う

矢印の位置が様々であるということを確認したところで，そうなってしまう理由について考えさせます。

T　240の矢印の位置がどうしてこんなにもいろいろあるのかな？　どれが正解なんだろう？
（しばらく各自で考える時間を取る）
C　全部正解だと思います。
T　どういうことですか!?　すべて矢印の位置は違うよ？
C　1つの目盛りの大きさが違うからです。
C　どういうこと？
C　1つの目盛りの大きさが10だと240はここ（上図）になるし，20だとここ（下図）になるということです。

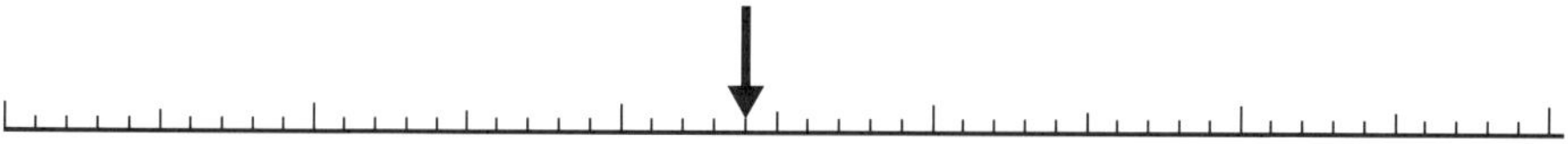

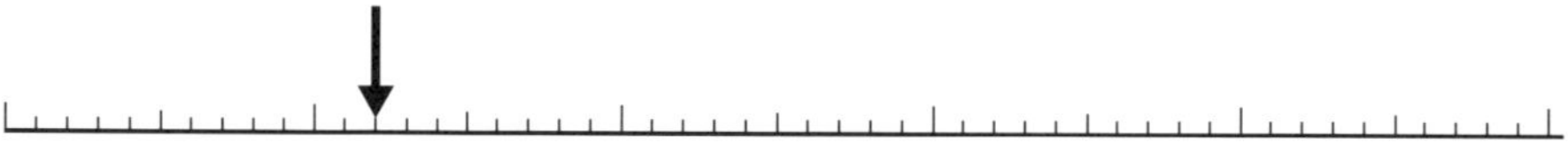

C　なるほどね！　1つの目盛りの大きさが違うから，矢印の位置が違うん

だ！

T　１つの目盛りの大きさをいくつにするかで，240の位置が変わってくるんですね。ということは，他の矢印の位置のときは，１つの目盛りの大きさはいくつなのかな？

C　これは，１目盛りの大きさが５だと思います。１つの目盛りが５だと，10目盛りで50になるからです。

C　これは，１目盛りの大きさが40だと思います。40が６つで240だからです。

(3)学習を振り返り，逆向きに考える

本時の学習を振り返るだけでなく，今度はあらかじめ矢印の位置を数直線上に示し，その位置がいくつになるのかを考えさせます。

T　１つの目盛りの大きさがいくつかによって，矢印の位置が変わってくることがわかりましたね。では，ここに矢印がついている数直線があるんだけど，ここの数はいくつかな？

C　１目盛りが10だったら，360だね。

C　１目盛りが５だったら，180だよ。

C　１目盛りを他の数に変えて，いろんな数をつくってみたいな。

T　では，自分の好きな位置に矢印をかいて，その数を発表しましょう。そのときに，１目盛りの大きさをいくつにしたのかも忘れずに教えてください。

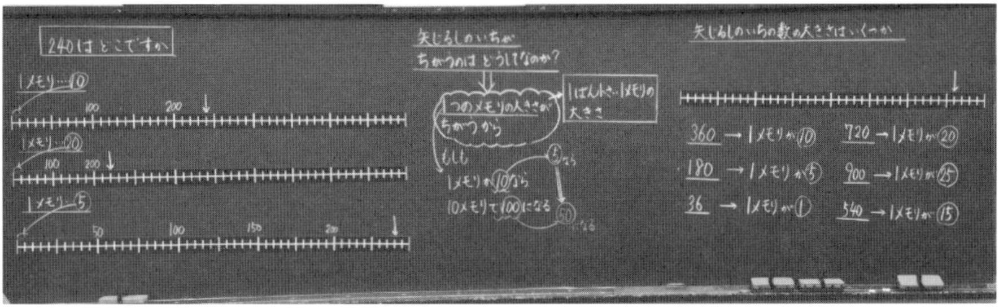

正方形はいくつ潜んでいるかな？

1 単元の指導計画

❶三角形や四角形の構成要素を知ったり，作図したりする　…３時間
❷長方形や正方形の構成要素を知ったり，作図したりする　…４時間
❸直角三角形の構成要素を知ったり，作図したりする　…２時間

2 「深い学び」に誘う授業デザイン

本時は❷の第３時に当たり，下図のように正方形と長方形を合わせて10枚敷き詰め，この複合図形の中に正方形がいくつあるかについて考えることを通して，正方形についての理解を深めていきます。

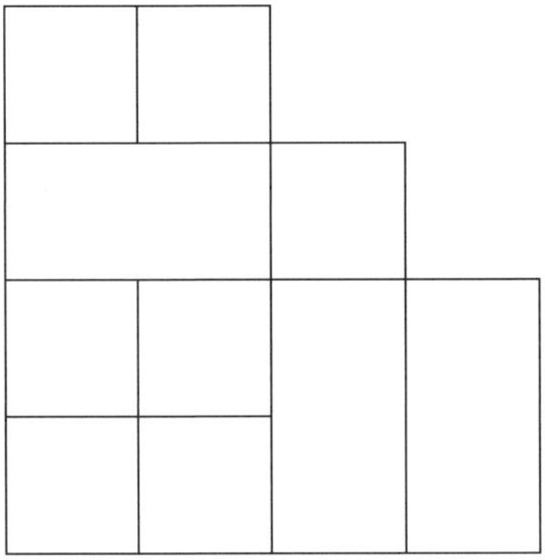

①正方形の数が７個かそれより多いかを比較して考えさせる

はじめから複合図形の中に含まれる正方形の数を問うと，自分の考えをもつことができない子どもも少なくないため，小さい正方形の数（７個）と同じか，それより多いかを比較して考えさせます。

②角の大きさや辺の長さの関係に着目し，根拠を基に理由を説明させる

組み合わせた形の中にある正方形について，「なぜそう言えるのか」（根拠）を尋ね，角の大きさや辺の長さに着目した理由の説明を引き出します。

③発展的に考えるきっかけとなる問いを投げかける

授業終末の振り返りの段階で，

「正方形や長方形の並べ方って，これだけしかないのかな？」

と発問することで，「他の並べ方で正方形の数を数えてみたい」「一番多いときは何個になるのかな」と，発展的に考えるきっかけを与えます。

3 評価規準と授業展開

評価規準

●複合図形が正方形であると言える理由を，角の大きさや辺の長さの関係に着目して説明している。 **【思考・判断・表現】**

●正方形の定義を基に，正方形と長方形を敷き詰めた形の中から，正方形を見つけようとしている。 **【主体的に学習に取り組む態度】**

⑴複合図形の中の正方形の数について自力で考える

まず，黒板に次ページの図のような正方形と長方形の複合図形を提示し

ます。

T　この形の中に正方形は何個あるかな？　正方形は「7個」「7個より多い」のどちらだろう？

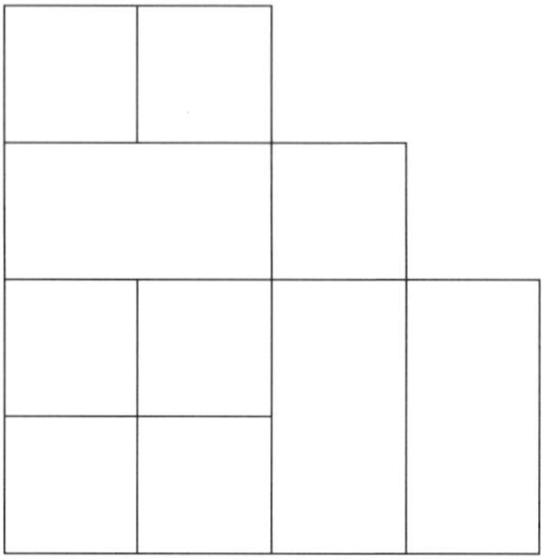

C　正方形は7個じゃないの？

C　他にもあるのかな…？

（しばらく各自で考える時間を取る）

T　「7個より多い」と考えている人がいますね。なぜそう言えるのか，理由を説明できる人はいますか？

C　例えば，ここだったら，4つの小さい正方形を合わせると，1つの大きな正方形になるからです。

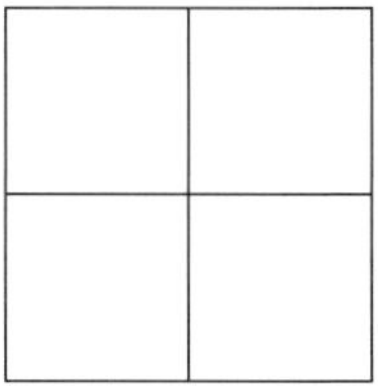

C　まわりの長さが4つとも同じで，4つの角が直角だから，ここ（次ページ図）も正方形だと思います。

C　正方形は，4つの長さが同じで，角が全部直角だから，どちらも正方形と言えそうだね。

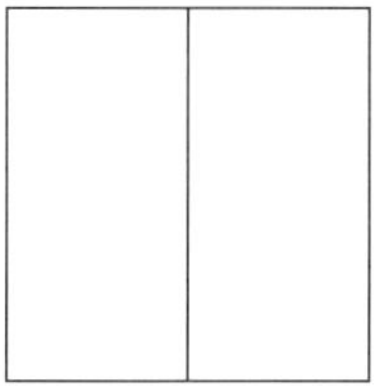

(2)正方形がいくつあるかについて考える

正方形の数が７個より多いことがはっきりしたところで，今度は複合図形の中に正方形がいくつあるのかについて考えさせます。

T　正方形や長方形を組み合わせれば，他にも正方形ができそうですね。では，何個正方形ができるか考えてみましょう。
（しばらく各自で考える時間を取る）

T　さて，正方形はいくつありましたか？

C　10個です！

T　では，なぜ10個になるのか理由を説明してもらえますか？

C　小さい正方形以外に，次の３つが見つかりました。どれも４つの長さが同じで，角が直角だから，正方形です。

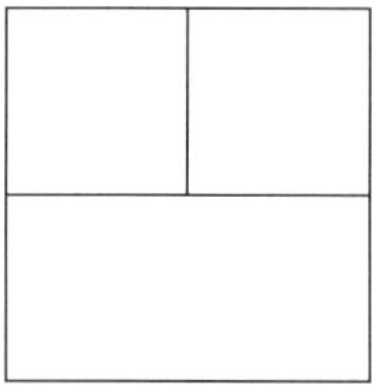

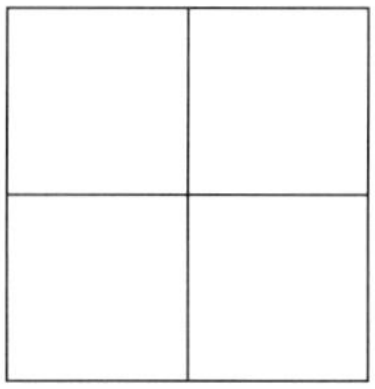

C　他にもあるよ！

T　えぇっ，他にもあるの？

C　はい。左側の真ん中のあたりに，この正方形（次ページ図）が隠れています。

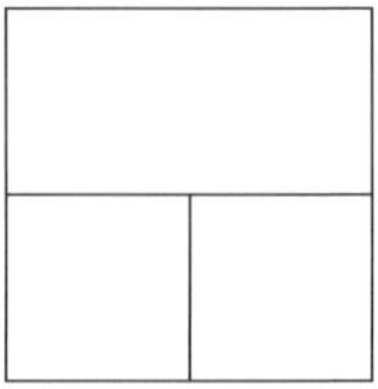

C　気がつかなかった！　これも４つの長さが同じで，角が直角だ。

T　では，全部で11個でいいですね。

C　待ってください，もう１つあります。

T　えぇっ，まだあるの⁉

C　はい，この形も正方形です。

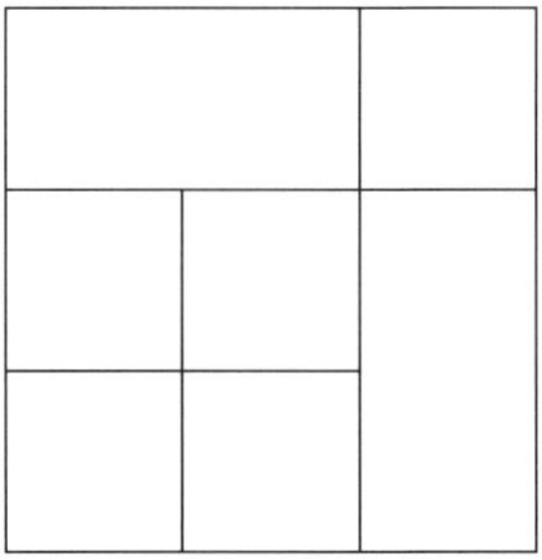

T　本当にこの形も正方形なのかな？　だれか，説明できる人はいませんか？

（発表者以外の子どもを指名し，説明させる）

C　長方形と正方形を合わせると，まわりの長さがどれも３つ分になって，直角も変わらないから，このときも正方形になると思います！

⑶学習を振り返り，発展的に考える見通しをもつ

本時の学習を振り返るだけでなく，子どもたちにもっと考えてみたいと思わせる問いを投げかけます。

T　正方形や長方形を合わせた形でも，４つの辺の長さがすべて同じで，４

つの角が直角なら，その形も正方形であることがわかりましたね。ところで，正方形や長方形の並べ方って，これだけしかないのかな？

C 他の並べ方もできる！

C 他の並べ方で試したい！

C 一番多いときは正方形が何個できるのかな？

T では，次の時間に，一番多いときは正方形が何個できるか調べてみよう。

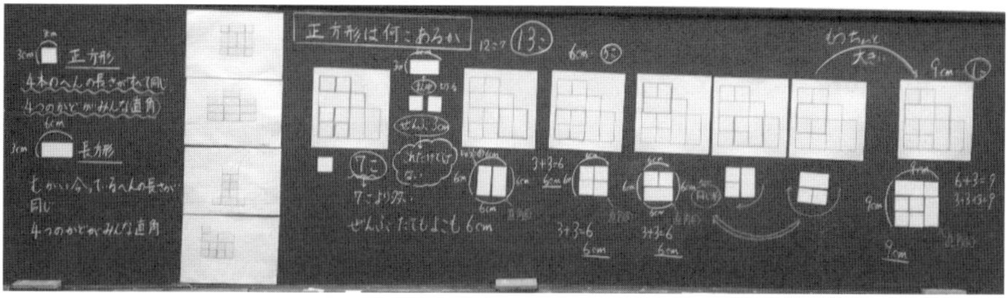

袋の中の団子の数は全部で何個かな？

1 単元の指導計画

❶かけ算の意味や答えの求め方を理解する …９時間
❷５，２の段の九九の構成を理解し，確実に唱える …６時間
❸３，４の段の九九の構成を理解し，確実に唱える …７時間

2 「深い学び」に誘う授業デザイン

本時は❶の第１時に当たり，右図のように袋の中に１本あたり３個の団子が刺さっているものが４本あるとき，団子が全部で何個あるかについて考えることを通して，かけ算についての理解を深めていきます。

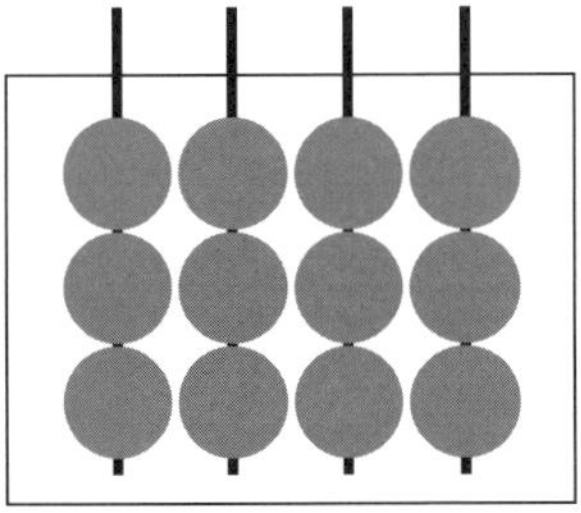

①団子の数と串の本数の関係に着目し，全部で何個あるか考えさせる

袋の中に入っている団子の数は何個か問うと，袋の中に入っているからわからないという子どもと，１本に団子が何個ついているかがわかれば全部の数がわかるという子どもがいます。そこで，１本についている団子の数と本数を伝え，全部の数を考えさせます。

②図や式を用いながら，根拠を基に理由を説明させる

袋の中に入っている団子の数が見えていないのに，どうして全部の数がわかったのか（根拠）を尋ね，図や式を使った説明を引き出します。

③かけ算の仕方を一般化するための問いを投げかける

授業終末の振り返りの段階で，右の図を提示し，
「この袋の中に入っている団子の数は全部で何個かな？」
と発問します。

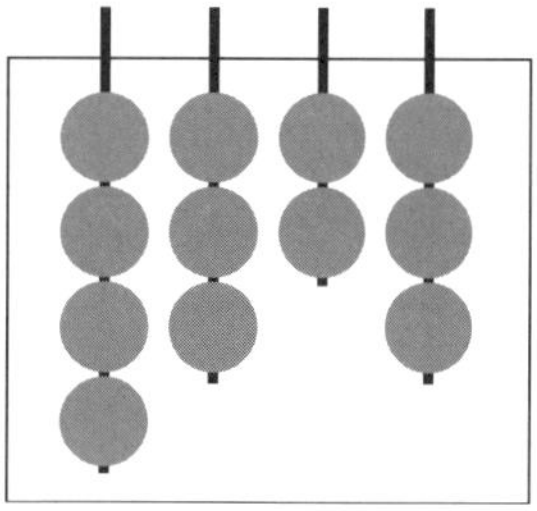

そして，今までと違って１本あたりの数がバラバラのときはかけ算で表せないことを説明させ，かけ算で大切なことを確かめます。

3 評価規準と授業展開

評価規準

●袋の中に入っている団子の数を，図や式を用いて説明している。
【思考・判断・表現】

●かけ算の定義を基に，袋の中の団子の数をかけ算を用いて表すことができるか考え，それに適した式を考えようとしている。
【主体的に学習に取り組む態度】

(1)袋の中に入っている団子の数を自力で考える

袋の中に同じ数ずつ串に刺さった団子が入っていることを伝えます。

T　この袋の中に団子は何個入っているのかな？
C　見えないから，わからないよ！
C　１本だけでも見せてくれたら，何個入っているかわかるのにな。
T　全部じゃなくて？　１本の数だけわかれば，全部の数がわかるの？
（１本に３個刺さっていることを伝える）
C　それだったらわかる！　３＋３＋３＋３＝12で，12個です。
C　１本に３個ついていて，それが４本あるから，12個です。
C　団子の数はみんな同じだから，１本の団子の数がわかれば全部の数がわかるよ！

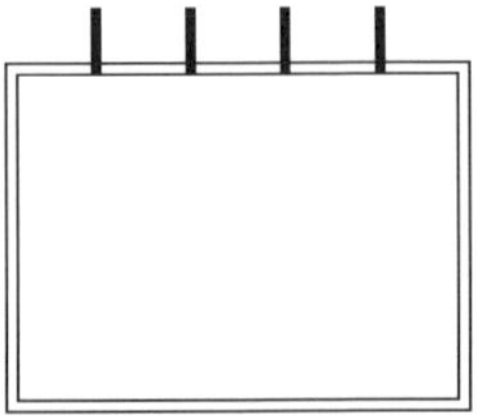

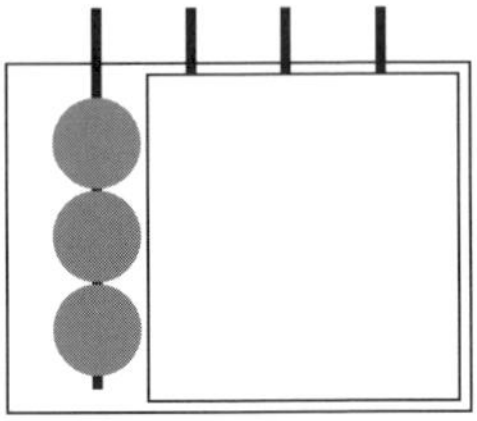

⑵１本の数が違う団子が入っている場合について考える

「１つ分×いくつ分＝全部の数」であることを理解したところで，１本に刺さっている団子の数が違う場合を提示し，全部の団子の数を考えさせます。

T　この袋の団子の数は何個ですか？
C　また１本見せてください。そしたらわかるから。
（１本に４個ついているものを見せる）
T　全部で何個ですか？
C　１本に４個で，それが４本あるから，４×４で16個です。
C　４＋４＋４＋４＝16だから，16個です。
T　（１本ずつ袋から出し，１本の数が違うことを確認させる）
C　ズルい！　１本の数が違うなんて聞いてない！

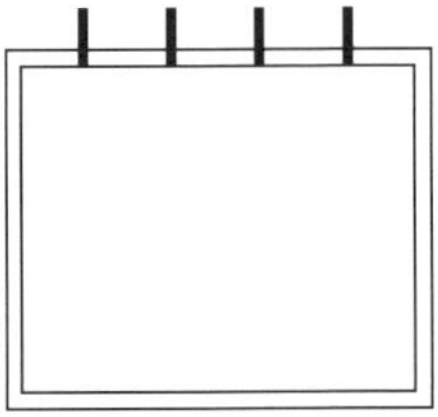

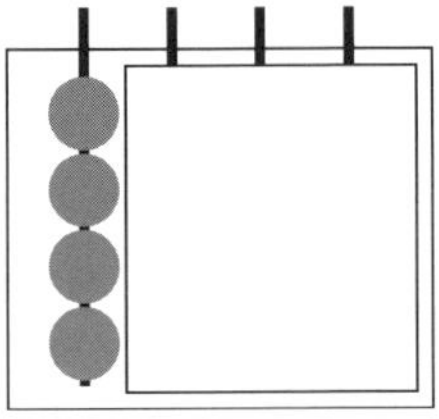

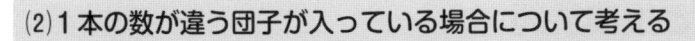

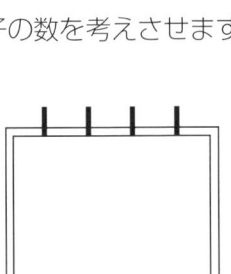

C それだとかけ算が使えないよ！

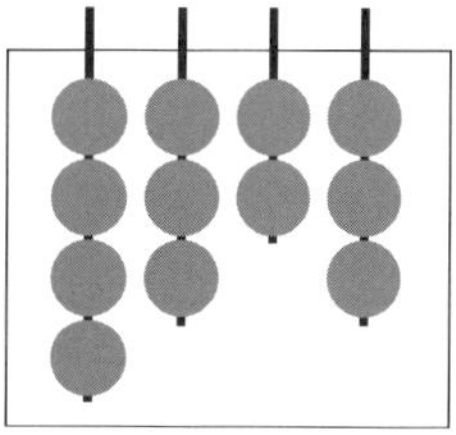

T どういうことですか？

C 今までは，１本の数が同じだったから，１本の数だけわかれば全部の数がわかったけど，今度のは１本の数が違うから，かけ算が使えません。

C これだと，４＋３＋２＋３＝12のたし算で求めないといけなくなります。

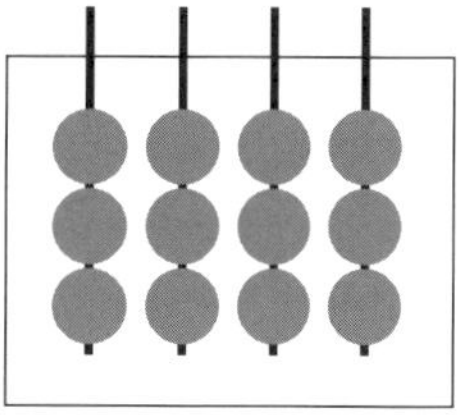

C でも，この１本に４個ついているものの１個を２個のところに移すと，かけ算になって，３×４＝12になるね。

T なるほど，１つ分の数が同じときでないと，かけ算は使えないんですね。

(3)かけ算の本質を確かにする

本時を振り返るだけでなく，かけ算の本質を確かにするため，様々な団子の入った袋でかけ算で表せるものとそうでないものを考え，式で表します。

T では，他の袋に入っている団子の数は何個か，式を使って表しましょう。１本だけ見せればいいですか？

C ダメです！ 他の団子の数が違ったらかけ算が使えないからです。

C 全部見て１本の団子の数が同じか確かめないと，たし算かかけ算かわかりません。

T では，１本に何個ついているかを全部見てみましょう。

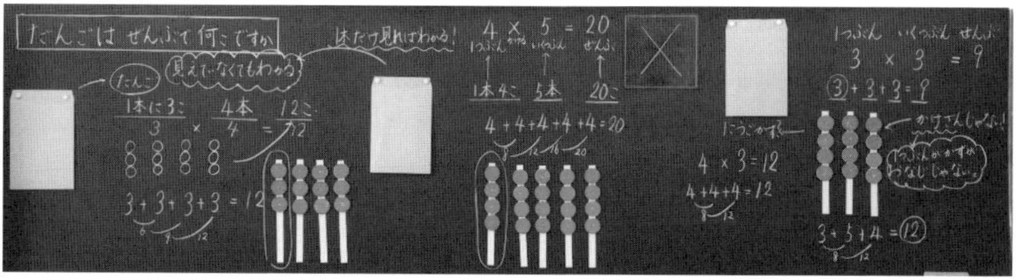

折り紙を半分にしてみよう！

1 単元の指導計画

❶半分や$\frac{1}{4}$にした大きさについて理解する …2時間
❷元の大きさの$\frac{1}{2}$や$\frac{1}{4}$の大きさを考える …1時間
❸元の大きさが違う場合の$\frac{1}{2}$の大きさについて考える …1時間

2 「深い学び」に誘う授業デザイン

本時は❶の第1時に当たり，右図のように等間隔の点が打たれた折り紙を，点と点をつなげて半分に分けることを通して，分数について理解するとともに，折り紙を半分に分けるときのきまりを見つけていきます。

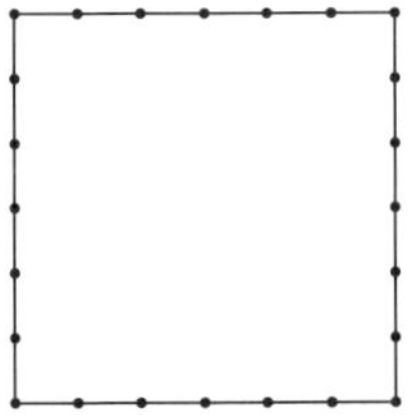

①折り紙に等間隔の点を打ち，「半分に分ける」ことを拡張的に捉えさせる

子どもたちは，日常生活の中で折り紙を折る経験をしていますが，「半分に分ける」というとき，子どもたちが発想する方法は，真ん中で折る場合と対角線で折る場合に限定されます。そこで，折り紙の辺に等間隔に点を打ち，「半分に分ける」ことの意味を拡張的に考えられるようにします。

②半分に分けたときの形に着目し，根拠を基に理由を説明させる

折り紙を半分に分ける線のつなぎ方について，「どうしてその分け方で半分に分けたと言えるのか」（根拠）を尋ね，半分に分けたときの形に着目した理由の説明を引き出します。

③帰納的に確かめるきっかけとなる問いを投げかける

授業終末の振り返りの段階で，今まで半分に分けるためにつないだ線をまとめていき，「半分に分けるためにつないだ線は折り紙の中心を通りそうだ」ということに気づかせます。そして，
「折り紙の真ん中を通れば必ず半分になるの？」
と投げかけ，子どもたちが気づいたこのきまりを帰納的に確かめさせます。

3 評価規準と授業展開

評価規準

●自分の正方形の分け方が正しいと言える理由を，半分に分けた形に着目して説明している。 **【思考・判断・表現】**

●気がついたきまりを基に，正方形をさらに様々な形で半分に分けようとしている。 **【主体的に学習に取り組む態度】**

⑴正方形を半分に分ける線のつなぎ方を自力で考える

まず，黒板に次ページの図のような，辺に等間隔の点が打たれた折り紙（正方形）を提示します。

T　この折り紙を，点と点をつないで半分に分けようと思います。どの点と

どの点をつないだら，半分に分けることができるかな？

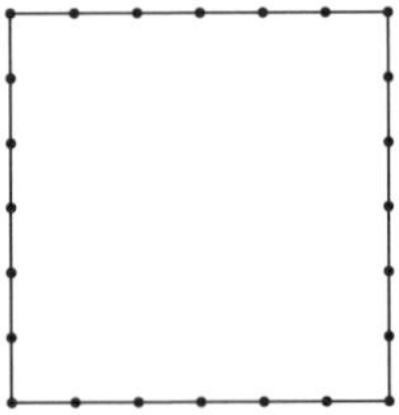

C　簡単にできるよ！　だって，折り紙で半分に折ったことがあるから。

C　縦と横と斜めは絶対にできるね！

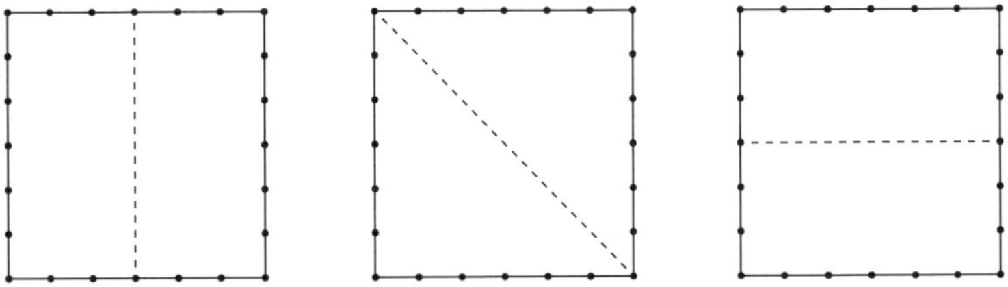

C　他にもあるのかな？

（しばらく各自で考える時間を取る）

T　どの点とどの点をつないで半分に分けましたか？

C　私は斜めに線をつなぎました。

C　僕も斜めに線をつないだけど，位置が違うね。

C　上と下の点をつないでいるものもあれば，右と左の点をつないでいるものもあるね。

C　他にも違う分け方があるよ。

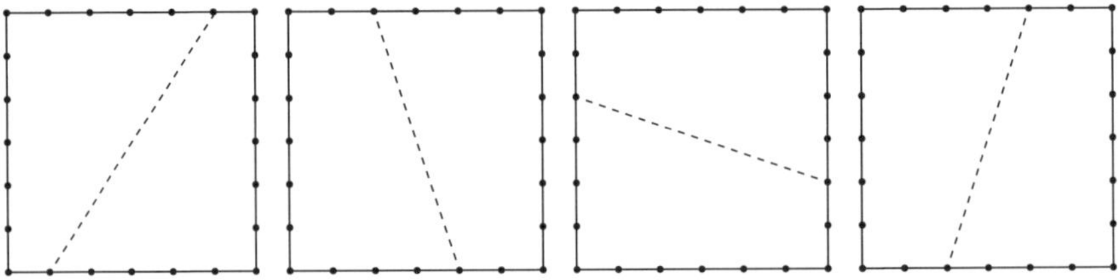

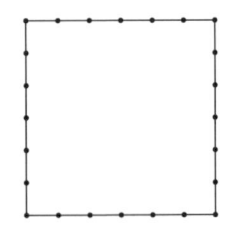

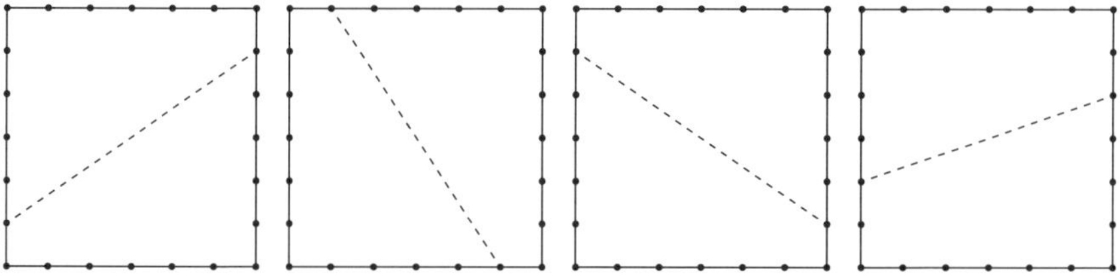

C いろんな分け方があるんだね。

C でも，本当に半分に分けられてるのかな…？

⑵点と点をつないだ線が半分であると言える理由を説明する

正方形を半分に分ける線が数多く出されたところで，「どうしてその分け方で半分に分けたと言えるのか」について説明させます。

T 正方形を半分に分ける線をたくさん見つけることができましたね。でも，この線で分けた形って本当に半分ずつになっていると言えるのかな？

C 言えるよ！

C 例えば縦に真ん中で分ける線なら，線で折るとぴったり重なるからです。

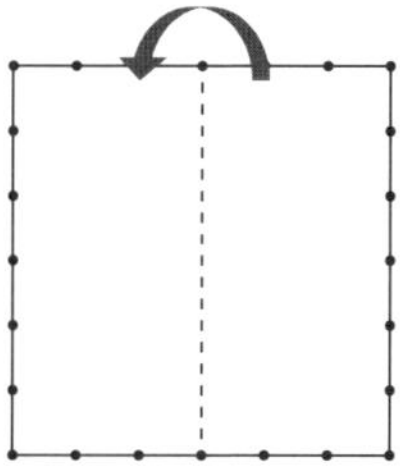

C 他にも，横とか斜めで分けた線も半分に折るとぴったり重なるよ！

T なるほどね。この線で折ったときにぴったり重なるから，半分に分けることができたって言えるんだね。

C うん！ ぴったり重なるっていうことは同じ形だから。

T 同じ形だから半分なんだ。おもしろいことに気づきましたね！ では，この線で分けたときも折ってみると重なるんだね。

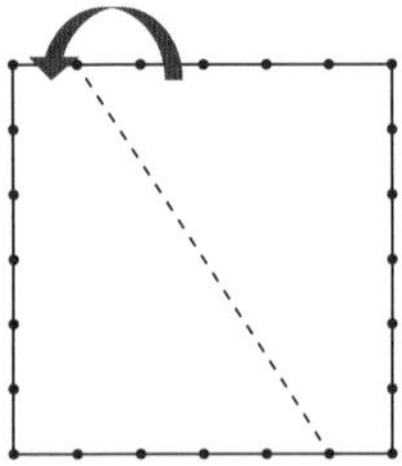

C　あれ？　重ならないよ！

C　半分に分けたはずなのに…。

T　この分け方だと，折ったときにぴったり重ならないんだけど…。

C　先生！　これは折るんじゃなくて，切らないとダメなの！

T　切るってどういうこと？

C　ここで切ると，こんな形になって，これをひっくり返すと同じ形になります。

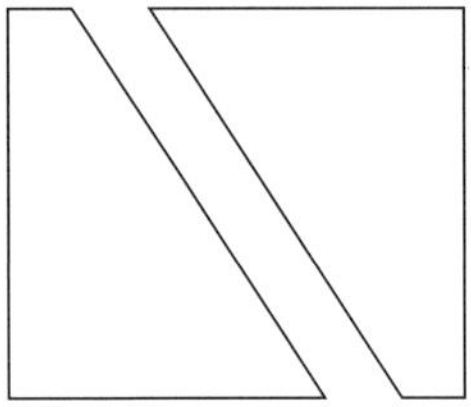

T　ひっくり返すってどういうこと？

C　片方の四角形をこうしてひっくり返すと，もう一方と同じ形になります。

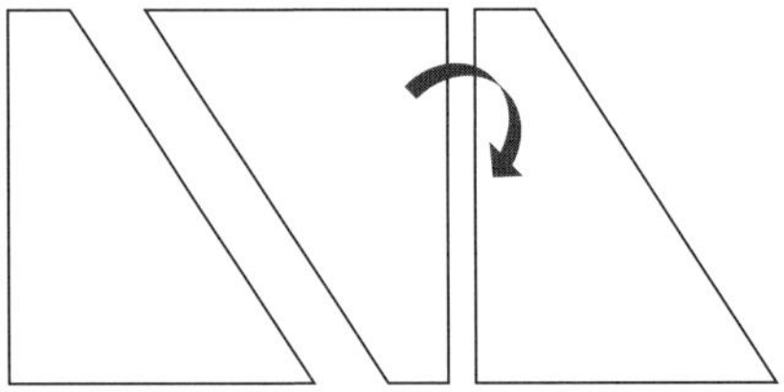

T　なるほどね。切って，くるっとひっくり返すと同じ形になるんだ！　だから，半分って言っていいんだね。

(3)見つけたきまりが正しいことを帰納的に確かめる

半分に分けたときにつないだ線を１つにまとめていくと，子どもたちは，正方形の中心を必ず通っていることに気がつきます。そこで，そのきまりが正しいと言えるか，帰納的に確かめていきます。

T それでは，みんながつないだ線をまとめてみますね。
（１枚の正方形に１本ずつかき込んでいく）

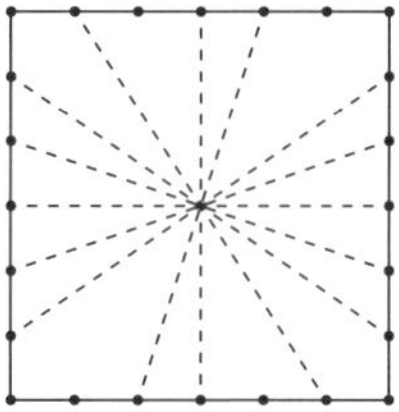

C あれ？ 全部集まってるよ！
C 折り紙の真ん中に線が集まってる！
T 何か気づいたことがあるの？
C 折り紙を半分で分けるとき，必ず真ん中に来ています。
C 半分に分けるときは，真ん中を通っています。
T なるほど。ということは，折り紙の真ん中を通れば必ず半分になるの？
C 折り紙もう１枚ください。本当に半分になるか確かめてみたいから！
T では，本当に半分になるかみんなで確かめてみましょう！

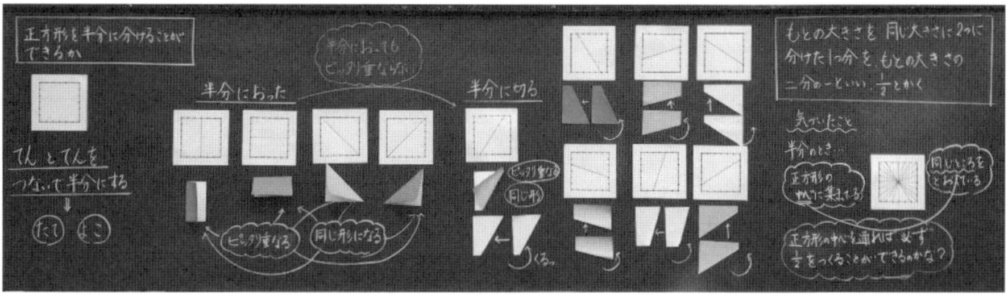

どの面とどの面をつなげたらいいのかな？

1 単元の指導計画

❶立体と平面の関係を知り，その面の形や数を調べる …２時間
❷箱を考察することを通して，箱の形について考える …２時間
❸直方体や立方体の辺，頂点の数などの構成要素を考える …２時間

2「深い学び」に誘う授業デザイン

本時は❷の第２時に当たり，４枚の面がすでに並んでいる状態（図１）に，㋐～㋔（図２）のどの面をどこにつければ箱の形ができるかを考えることを通して，直方体の展開図についての理解を深めていきます。

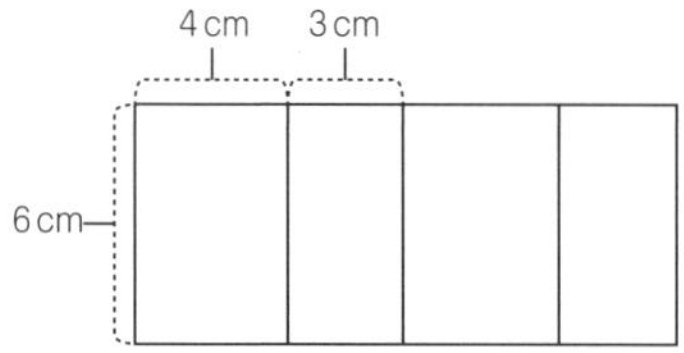

図1

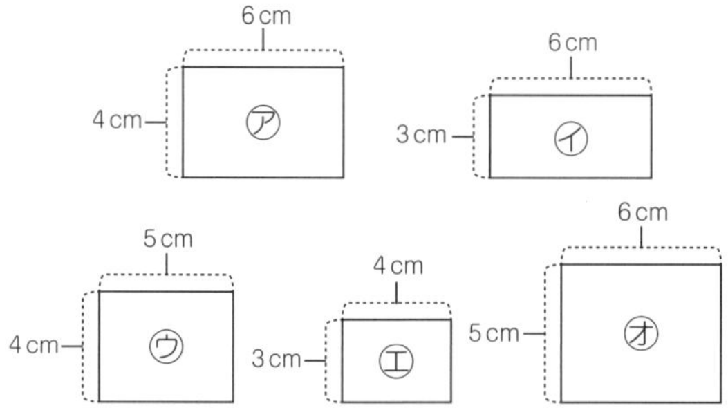

図2

①図１をあらかじめ提示し，類推的に考えさせる

すべての面がバラバラの状態から始めると，形をつくることだけに意識が向いてしまい，辺の長さの関係をなかなか意識できません。そこで，㋐と㋑の面がつながった状態の図１から始めることで，辺の長さに着目して類推的に考えさせていきます。

②面と面がつながる辺の長さの関係に着目し，根拠を基に理由を説明させる

組み合わせた面と面の関係について，「なぜその面をつなげたのか」（根拠）を尋ね，面と面の辺の長さの関係に着目した理由の説明を引き出します。

③演繹的に考えるきっかけとなる問いを投げかける

授業終末の振り返りの段階で，
「㋐～㋔のバラバラになった面を，箱の形ができるように並べてみましょう」
と発問することで，「同じ辺の長さをくっつければいいんだったね」「組み立てたときにくっつく辺の長さも同じじゃないとダメだよ」と，演繹的に考えるきっかけを与えます。

3 評価規準と授業展開

評価規準

●展開図を完成させるために必要な面を，面と面が接する辺の長さに着目して説明している。 **【思考・判断・表現】**

●展開図の定義を基に，辺の長さが違う面の中から，展開図が完成する面を見つけようとしている。 **【主体的に学習に取り組む態度】**

⑴図１に図２のどの面をつなげれば箱の形ができるか自力で考える

まず，黒板に図２を提示します。

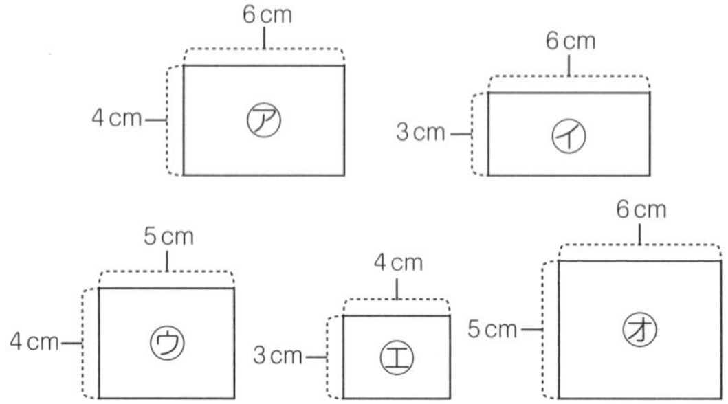

図２

T　ここに５種類の長方形があります。今日はこの面をつなげて，箱の形をつくろうと思っています。先生は，図１まで面をつなげてきました。

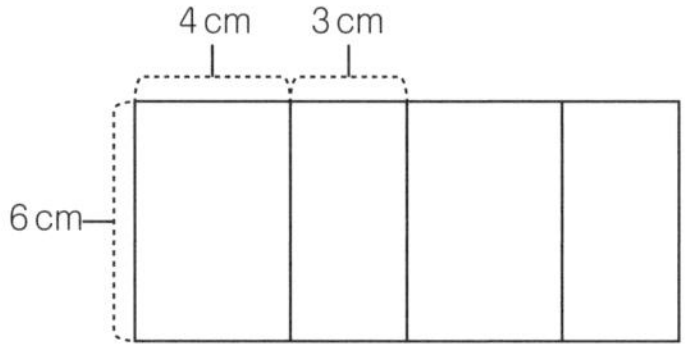

図１

C　先生，２枚足りないよ！

C　箱には6つ面があるから，あと２枚足りないね。

T　では，どこにどの面をつなげたら，箱の形ができるか考えてみましょう。どうして，その面を選んだのか，理由も考えましょう。

（具体物を操作しながら考える）

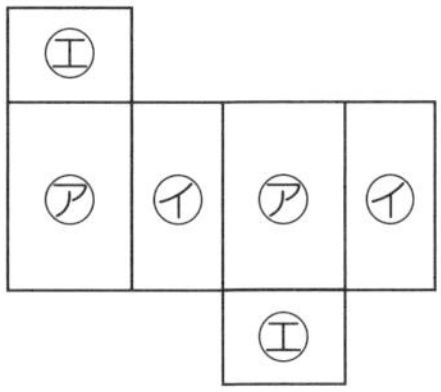

T　どの面をどこにつけると箱の形ができましたか？

C　僕は㊐の面をここにつけました。

T　どうして，㊐の面をその場所につけたのかな？

C　㋐の縦の辺と㊐の横の辺の長さが同じだからです。

C　僕も同じように考えて，㋐の面に㋒の面をつなげました。㋐の面と㋒の面のつながっている辺の長さが同じだからです。

T　面と面がくっついている辺の長さが同じだったら，箱の形ができるんですね。

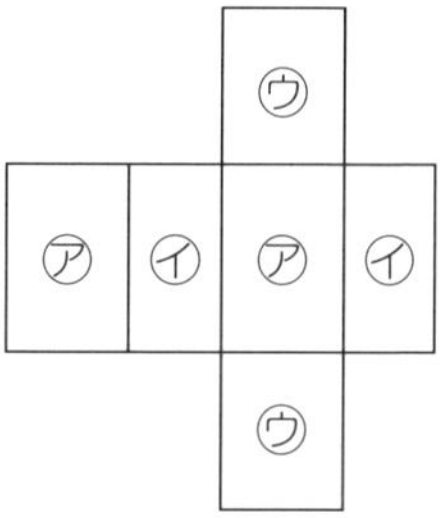

(2)箱ができる展開図とできない展開図の違いについて考える

面と面がくっつく辺の長さが同じ場合に，箱の形ができるということがはっきりしたところで，2つの展開図を比較し，正しい展開図について考えさせます。

T　箱の形ができるように面を並べるためには，面と面がくっつく辺の長さになればいいんですね。

C　でも，それだとできないときもあるよ！

T　どういうこと？　さっきの2つはできるんでしょ？

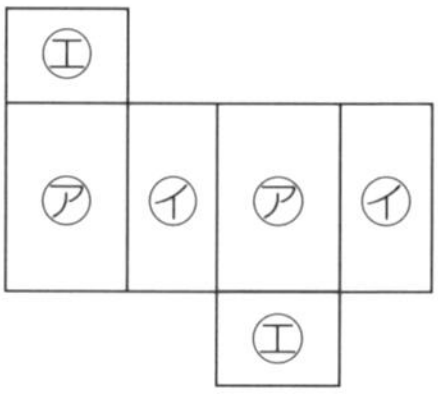

図3

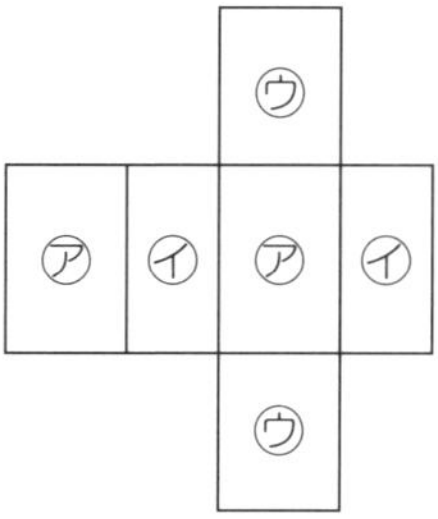

図4

C　図3のときはできるけど，図4のときはできないよ！

C　そうそう，㋓は縦の辺の長さが㋑の縦の辺の長さと同じだけど，㋒は違うからね。

T　どういうこと？　くっついている辺の長さが同じならいいんじゃないの？

C　違うよ！　組み立てときにくっつく辺の長さのことも考えないといけません。

C　そうだよ！　図４だと，組み立てたときに㋑と㋒の辺の長さが違うから，その部分がぴったり重ならないよ！

T　なるほどね！　この図でくっついている辺だけじゃなくて，組み立てたときにくっつく辺の長さも同じじゃないと，箱の形はできないんですね。

(3)学習を振り返り，箱ができる展開図のつくり方を考える

本時の学習を振り返るだけでなく，実際に箱ができる展開図をつくるための面の並べ方について見いだしたことを活用して，自分でもつくってみたいと思わせる問いを投げかけます。

T　箱の展開図をつくるためには，くっつく辺の長さと組み立てたときにくっつく辺の長さが同じになるように面を並べればよいということがわかりましたね。では，今から㋐～㋔のバラバラになった面を，箱の形ができるように並べてみましょう。

C　㋐，㋑，㋓，を使って，図３とは別の並べ方でも箱の形ができるか試してみよう！

C　㋔を使ってみたいな。

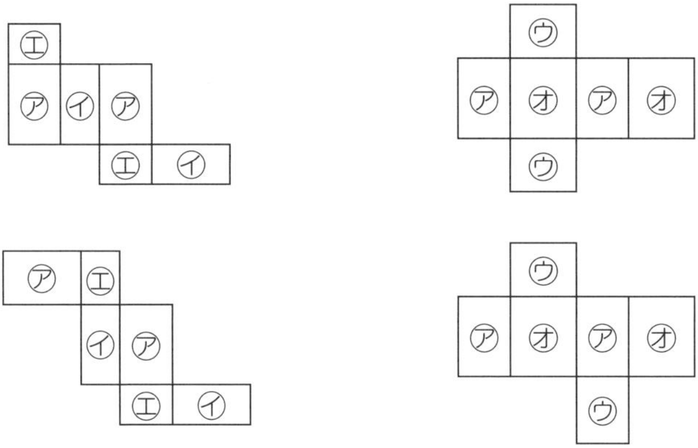

C いろんな並べ方ができるんだ！ おもしろいね。他にも違う並べ方があるのかな。

C 別の形の面が１つあれば，箱の形ができたのに！ 足りない面を自分でつくって，箱を完成させたいな。

T みんな，箱の形ができるようにいろんな面の並べ方を見つけることができましたね。どの並べ方もくっつく辺の長さは同じになっていますか？

C 並べ方は違うけど，どれもくっつく辺の長さは同じになってるよ！

C 箱の形ができないときは，くっつく辺の長さが同じになっていないところがあるね！

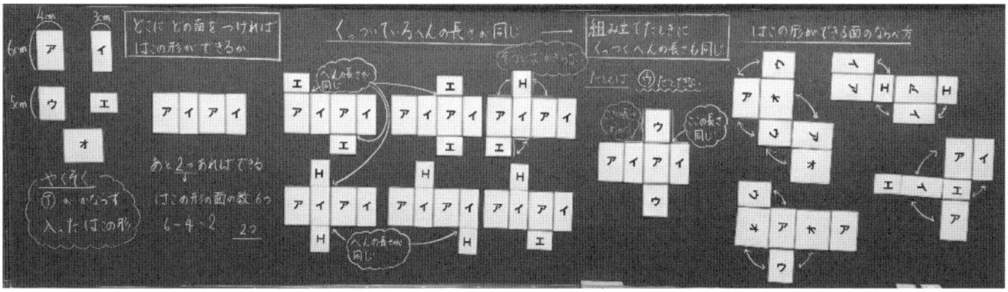

3年　わり算

一番プレゼントがもらえるミカン箱はどれかな？

1 単元の指導計画

❶わり算のあまりの意味と大小関係について考える　…３時間
❷あまりのあるわり算の答えの確かめ方を考える　…１時間
❸あまりのあるわり算の問題を考える　…３時間

2 「深い学び」に誘う授業デザイン

本時は❶の第２時に当たります。「ミカン箱にミカンがいくつか入っており，そのミカンを５個ずつ袋に詰めていき，あまったミカンをプレゼントとしてもらえます。一番たくさんプレゼントがもらえるのは何個入りの箱でしょう」という問題を考えることを通して，あまりの数とわる数の関係についての理解を深めていきます。

①一番プレゼントがもらえる箱がどれかを比較して考えさせる

箱の種類を１つだけにしてしまうと，あまりの数も１種類になってしまうため，わる数とあまりの数の関係には気がつきません。そこで，５つの箱の中から一番多くプレゼントがもらえる箱を選ぶという問題設定にすることで，あまりの数を比較して考えさせます。

②わる数とあまりの数の関係に着目し，根拠を基に理由を説明させる

プレゼントされるミカンの数が一番多くなるのは何個入りの箱かを考える中で，どの箱を選んでもあまりには１～４までの数字しか出ないことについて，「なぜそう言えるのか」（根拠）を尋ね，わる数とあまりの数の関係に着目した理由の説明を引き出します。

③類推的に考えるきっかけとなる問いを投げかける

授業終末の振り返りの段階で，

「わる数が他の数だったら，あまりの数はいくつまでしかできないのかな？」

と発問することで，「他のわる数でも試してみたい」「たぶんこうなるんじゃないかな」と，類推的に考えるきっかけを与えます。

3 評価規準と授業展開

評価規準

- わる数が同じ場合，あまりの数は同じ数字しか出ない理由を，わる数とあまりの数の関係に着目して説明している。 **【思考・判断・表現】**
- わる数を５にしたときの結果を基に，他の数でも試そうとしている。 **【主体的に学習に取り組む態度】**

(1)一番多くプレゼントがもらえる箱はどれか自力で考える

題意を理解するために，プレゼントがもらえる条件を提示し，その条件のもと，５つの箱を提示します。

T　ここに，大きなミカンの箱がいくつかあります。この箱に入ったミカンを1袋に5個ずつ分けていきます。このとき，最後にあまったミカンをプレゼントします。

C　できるだけいっぱいほしいな！

T　箱は「17個入り」「26個入り」「30個入り」「44個入り」「48個入り」の5種類です。どの箱が一番多くプレゼントをもらえるのかな？

C　48個入りが一番多いから，たくさんプレゼントがもらえるんじゃないかな。

（しばらく各自で考える時間を取る）

T　どの箱が一番多くプレゼントをもらえそうですか？

C　44個入りの箱が一番多くて，プレゼントは4個でした。

C　44÷5＝8あまり4だから，4個もらえます。

C　○を44個並べて，5個ずつ分けていくと，4個あまったから，4個もらえます。

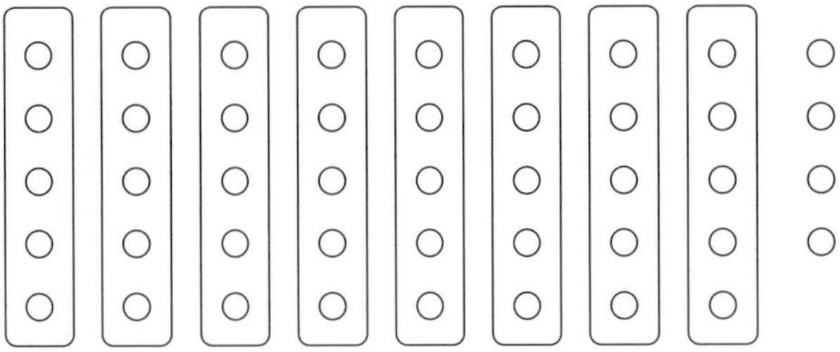

T　他の箱は何個あまりましたか？
C　17個入りの箱は，17÷５＝３あまり２で，２個あまりました。
C　26個入りの箱は，26÷５＝５あまり１で，１個あまりました。
C　30個入りの箱は，30÷５＝６で，あまりはありませんでした。
C　48個入りの箱は，48÷５＝９あまり３で，３個あまりました。
T　ということは，この５種類の箱の中では，44個入りの箱が一番プレゼントがもらえるんですね。

(2)もっと多くのプレゼントがもらえる場合がないか考える

５種類の箱の中で一番多くのプレゼントがもらえる箱がわかったところで，もっと多くのプレゼントがもらえる箱はないのかということについて考えさせます。

T　５種類の中では44個入りのときが一番プレゼントがもらえそうでした。でも，もっとたくさんプレゼントがもらえる箱があるんじゃないかな？また，そのときは何個プレゼントがもらえるんだろう？
C　確かに。
C　他にも確かめてみたい！
（しばらく各自で考える時間を取る）
T　どうでしたか？
C　いろいろな箱で試してみたけど，やっぱりプレゼントは４個までしかもらえなかった…。
T　４個が１番多かったの？　４個より多くもらえないの？　あなたはどうでしたか？
C　僕は24個入りの箱で考えたけど，24÷５＝４あまり４で，やっぱり４個が一番多かったです。
（子どもたちはそれぞれの求めた式を発表していく）

個数	式	プレゼントの数
23個	23÷５＝４あまり３	３個
41個	41÷５＝８あまり１	１個
29個	29÷５＝５あまり４	４個
36個	36÷５＝７あまり１	１個
37個	37÷５＝７あまり２	２個
50個	50÷５＝10	０個
42個	42÷５＝８あまり２	２個
27個	27÷５＝５あまり２	２個
14個	14÷５＝２あまり４	４個
９個	９÷５＝１あまり４	４個

T　本当に４個よりたくさんのプレゼントはもらえないみたいですね。でも，どうしてもっとたくさんのプレゼントがもらえないのかな？

C　４個よりたくさんのミカンがあまると，もう１袋できるからじゃないかな？

C　僕も同じことを考えてたんだけど，もしもあまっている数が４個のとき，それに１個たして５個にすると，もう１袋できてしまって，プレゼントが０個になっちゃいます。

C　なるほどね！　だから，４個までしかプレゼントがもらえないんだ！

C　５でわってるから，それよりも小さい数しかあまらないんだ！

T　わる数の５よりもあまりの数は小さくなるんですね。

(3)学習を振り返り，類推的に考える

本時の学習を振り返るだけでなく，子どもたちにもっと考えてみたいと思わせる問いを投げかけます。

T　わる数が５だったら，あまりは４までしか出ないっていうことだけど，わる数が７だったら，あまりの数はいくつまでしか出ないのかな？

C　たぶん，６までしか出ないと思うよ！

C　僕もそう思う！　だって，あまりが７になったら，もう１袋できちゃうから！

C　一度，わる数が７で試してみていいですか？

T　では，わる数を別の数に変えてみて，あまりの数がわる数よりも本当に小さいか確かめてみましょう。

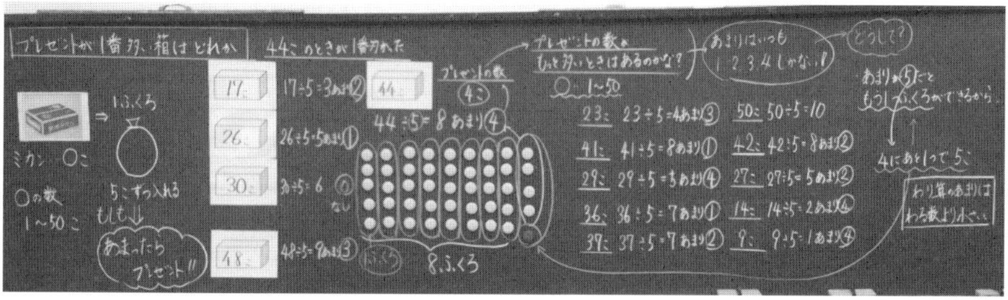

80÷4は8÷4でできる？

1 単元の指導計画

❶80÷４の商がいくつになるか考える …１時間
❷69÷３の商がいくつになるか考える …１時間

2 「深い学び」に誘う授業デザイン

本時は❶に当たり，80円を４人で分けたとき，１人分がいくらになるかについて考えることを通して，大きな数のわり算についての理解を深めていきます。

①既習の方法を基に類推的に考えさせる

はじめから80÷４はいくつかを問うと，答えは求められても，その意味を理解できていなかったり，考え方をもつことができなかったりする子どもが多いため，まずは既習の８÷４を考えさせ，その方法から類推的に考えさせていきます。

②数の関係に着目して，根拠を基に理由を説明させる

「８÷４＝２だから，80÷４の答えは20だ！」という考え方について，「８÷４の８は何の数字か」（根拠）を尋ね，10のまとまりに着目した理由の説

明を引き出します。

③発展的に考えるきっかけとなる問いを投げかける

授業終末の振り返りの段階で，

「もっと大きい数字の800÷４ならどのように求めればいいかな？」

と発問することで，「800は100のまとまりで考えてみればよさそうだ」と，発展的に考えるきっかけを与えます。

3 評価規準と授業展開

評価規準

●大きな数のわり算の商を求める方法を，10や100のまとまりがいくつ分かということに着目して説明している。　**【思考・判断・表現】**

●一位数のわり算の計算の仕方を基に，大きな数の割り算を解こうとしている。　**【主体的に学習に取り組む態度】**

(1)80÷４の計算の仕方について自力で考える

まず，黒板に「□÷４」と書き，□の中には様々な数字が入ることを伝えます。

T　□÷４の□には様々な数字が入ります。まずは，□の中に８を入れてみます。答えはいくつになりますか？

C　８÷４＝２です。

T　では，□の数字が80になったら，答えはいくつになるかな？
（しばらく各自で考える時間を取る）

T　「20」と考えている人がいますね。なぜそう言えるのか，理由を説明できる人はいますか？

C　80の０をとると８になるから８÷４＝２です。それで２に０をつけると20になるからです。

C　僕も８÷４＝２だから，20になると思うよ！

(2) ８÷４にしたときの８の意味について考える

80÷４の答えが20だとはっきりしたところで，それを求めるときに考えた８÷４の８と４の意味について考えさせます。

T　みなさん，80÷４を８÷４で計算したって言っているけど，８と４はいったい何なんだろう？

C　４は４人の４です。８は80の０をとった８です。

T　えぇっ，80の０って，とってもいいの？

C　でも，０をとったら８になるから，８÷４で２になります。

C　80の０をとった数字なんかないよ。だって，十の位が８で，一の位が０がなくて，数字が書いていないのはおかしいと思います。

T　なるほどね。では，この８は何なんだろう？

C　その８は，「80は10が８個ある」っていうことだと思います。

T　どういうこと？

C　80は10が８個で80だから，その８は10が８個あるということです。だから，８÷４＝２の２は，10が２個あるという意味になるから，20になります。

(3) 学習を振り返り，発展的に考える

本時の学習を振り返り，さらに大きな数でもできると子どもたちに思わせる問いを投げかけます。

T　80÷４は10がいくつ分かを考えて計算することができましたね。では，もっと大きい数字の800÷４ならどのように求めればいいかな？

C　80のときは10のまとまりだったから，今度は100のまとまりで考えればできそうだね。

C　100のまとまりで考えると，また８÷４になったよ！

C　同じ８÷４でも今度の２は100のまとまりになるから，答えは200になりそうだね。

T　では，800÷４はいくつになるか考えてみましょう。

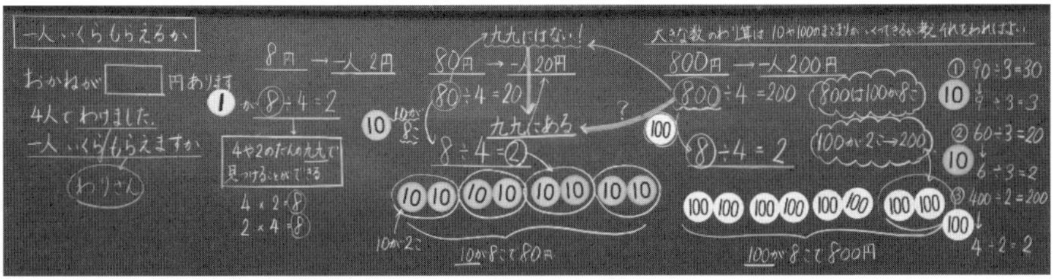

165°はつくれない？

1 単元の指導計画

❶回転の角の大きさを考える	…1時間
❷角度の単位「度(°)」を使って，様々な角の大きさを測る	…1時間
❸２つの角度の違いを考える	…1時間
❹180°より大きな角度の測り方を考える	…1時間
❺向かい合った角度の関係を考える	…1時間
❻分度器を使って決められた角をかく	…1時間
❼定規と分度器を使って，様々な三角形をかく	…1時間
❽三角定規を組み合わせてできる角度を考える	…1時間

2 「深い学び」に誘う授業デザイン

本時は❽に当たり，１組の三角定規を組み合わせたり重ねたりすることにより様々な角度をつくる活動を通して，角度についての理解を深めていきます。

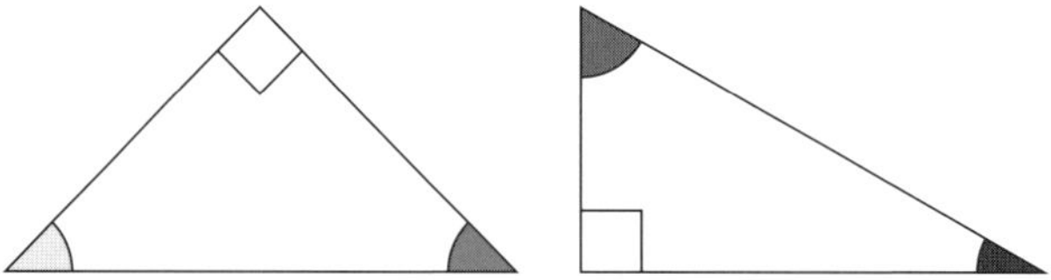

①三角定規を操作する方法を比較しながら考えさせる

1組の三角定規でどんな角度ができるかと問うと，2つの三角定規をくっつける方法しか思いつかない子どもがいるため，角度のつくり方を「くっつける」「重ねる」の2つの方法に分け，比較しながら考えさせます。

②角度に着目し，帰納的に見いだした法則について説明させる

1組の三角定規を使ってできた角度について，「何か秘密はあるかな？」と尋ね，友だちが見つけた角度を小さい順に並べていく中で見いだした法則についての説明を引き出します。

③見いだした法則から一般化に向かう問いを投げかける

子どもたちが三角定規でできる角度は15°ずつ増えているということを確かにした後で，

「165°はできないのかな？」

と発問することで，「法則通りならできるはずなのにどうしてできないのかな」「つくる方法は何かないかな」と，一般化に向かうきっかけを与える。

3 評価規準と授業展開

評価規準

●1組の三角定規でできる角度について，角度の大きさが規則的に増えていることに着目して説明している。【思考・判断・表現】

●三角定規からできる角度の法則を基に，様々な角度を見つけようとしている。【主体的に学習に取り組む態度】

(1) 1組の三角定規でできる角度について自力で考える

まず，黒板に下図のような1組の三角定規を提示します。

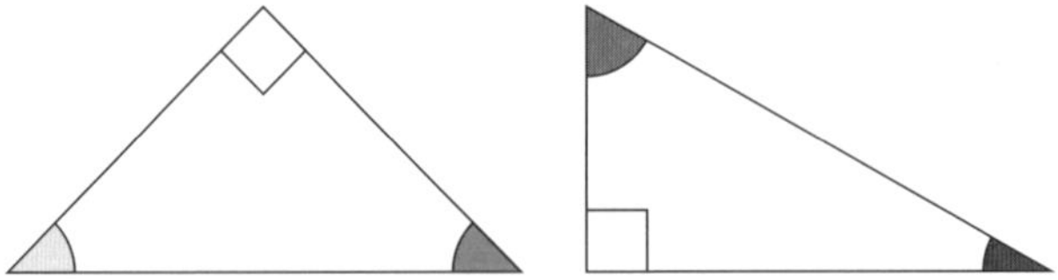

T　この1組の三角定規でどんな角度ができるかな？

C　30°と45°と60°はあるから，他にもできるのかな？

C　90°もあるよ。合体とかさせたらもっといろんな角度ができそうだよ！
　(しばらく各自で考える時間を取る)

T　三角定規で何度を作ることができましたか？

C　2つの三角定規を合わせると，90＋45＝135で，135°ができました。

C　2つの三角定規を合わせる方法だったら，他にも75°とか105°ができたよ！

C　合わせる方法以外にも三角定規を重ねてもできたよ！

C　重ねるってどういうこと？

C　この2枚の三角定規を重ねると，45－30＝15で15°ができたよ！

C　すごい！　そんな方法もあるんだ！

(2)三角定規からできる角度の法則について考える

1組の三角定規からできる角度を出し合ったところで，三角定規からできる角度の法則について考えさせます。

T　三角定規からたくさんの角度ができましたね。

C　先生，三角定規の角度って15°ずつ増えてるんだけど。

C　どういうこと？

C　だって，15°，30°，45°，60°，75°，90°…ってなっていて，15°

ずつ増えているでしょ？

C　本当だ，15° ずつ増えてる！　全然気づかなかった！

T　おもしろいきまりを見つけましたね！　三角定規で角度をつくると，15° ずつ増えていくんだね。

C　でも…，そうすると165° ができてないよ！

T　確かに，165° ができてないね。

C　なんとかして，三角定規を使って165° をつくることはできないかな。

(3)見いだした法則から一般化に向かう

本時の学習で見いだした法則をより確かにするために，子どもたちにもっと考えてみたいと思わせる問いを投げかけます。

T　みんなが15° ずつ増えていくっていうきまりを見つけたけど，165° だけできていないね。165° はできないのかな？

（ペアで考えさせる）

C　先生，三角定規を３枚使ったらできたよ！

T　すごい！　３枚使ったら165° ができたの？

C　45° と60° と60° を使うと165° ができたよ！

C　本当だ，165° ができた！

C　３枚使ったら，もっと大きい角度で195° もできたよ！

T　三角定規を増やせばもっといろんな角度ができそうですね。

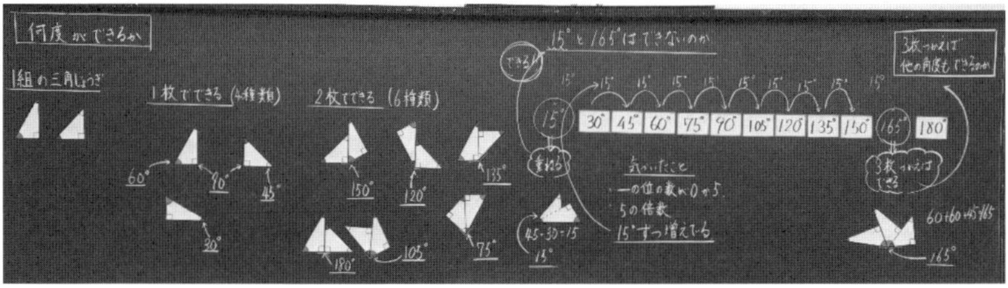

およそ20,000人の市町はどれかな？

1 単元の指導計画

❶概数の意味について理解し，
四捨五入の意味や仕方について理解する …3時間
❷概数を用いた見積もりの仕方を理解する …5時間

2 「深い学び」に誘う授業デザイン

本時は❶の第1時に当たり，三重県の市町である鳥羽市（19,455人），川越町（14,747人），紀宝町（11,206人），熊野市（17,322人），東員町（25,350人）の中でおよそ20,000人になる市町はどれか考えることを通して，概数についての理解を深めていきます。

①数直線を用いて考えさせる

数字だけを与えておよそ20,000人の市町はどれかを問うと，10,000と20,000の半分である15,000が基準になることに気づくことができない子どもも少なくないため，数直線を用いておよそ20,000人になる市町を選択させて考えさせます。

②数の関係に着目し，根拠を基に理由を説明させる

４つの市町の人口の中でおよそ20,000人になる市町はどれかについて，「なぜそう考えたのか」（根拠）を尋ね，半分である15,000人に着目した理由の説明を引き出します。

③発展的に考えるきっかけとなる問いを投げかける

授業終末の振り返りの段階で，
「半分ということを手がかりに，他の市町の人口をおよそ何万人か表してみましょう」
と発問することで，半分という基準について発展的に考えさせます。

3 評価規準と授業展開

評価規準

●約20,000人であると言える理由を，半分の大きさを基準にすることに着目して説明している。　**【思考・判断・表現】**

●四捨五入の定義を基に，市町の人口を概数で表そうとしている。　**【主体的に学習に取り組む態度】**

⑴４つの市町の人口の中で約20,000人になるのはどれか自力で考える

まず，４つの市町の人口を提示し，下のような数直線を全員にかかせます。

鳥羽市　19,455人	川越町　14,747人
紀宝町　11,206人	熊野市　17,322人

T　この４つの市町の人口の中で，およそ20,000人の市町はどれだろう？
C　鳥羽市だけじゃないの？
C　紀宝町は絶対に違うよ！
C　他にもあるのかな？
（しばらく各自で考える時間を取る）
T　どの市町がおよそ20,000人だと考えましたか？
C　鳥羽市がおよそ20,000だと思います。数直線で見てみると，10,000よりも20,000に近いからです。
C　紀宝町は絶対に違っていて，10,000人に近いです。
C　およそ20,000人の市町は鳥羽市だけだと思うよ！
C　違うよ！　他にもあるよ！

⑵他のおよそ20,000人の市町について考える

鳥羽市が20,000人に近いことからおよそ20,000人であることがはっきりしたところで，他にもおよそ20,000人の市町があるかどうかについて考えさせます。

T　他にもおよその20,000人の市町ってあるのかな？
C　熊野市もだと思うよ！
T　熊野市もなの？　20,000にそんなに近くないけど…。
C　数直線を見てみると半分より右に17,322人があるからです。
T　半分ってどういうこと？
C　10,000と20,000の半分って15,000でしょ。だから，この15,000より右にあるから，熊野市もおよそ20,000人になると思います。
C　なるほどね。半分から右か左かを見れば，およそいくつになるかがわかるんだね。
T　では，この川越町はおよそ何万人になるのかな？
C　川越町は，およそ10,000人になります。

C だって，半分より左にあるからです。

C 半分の15,000より左にあるから，およそ10,000人になります。

(3)学習を振り返り，発展的に考える

本時の学習を振り返るだけでなく，他の市町の人口はおよそ何万人になるのかということを子どもたちがもっと考えてみたくなるように，他の人口の資料を配付し，問いを投げかけます。

T では，半分ということを手がかりに，他の市町の人口をおよそ何万人か表してみましょう。

C 私のおばあちゃんが住んでいるところは，およそ何万人なんだろう？

C およそ30,000人の市町はどこがあるのかな？

T では，次の時間にどの市町がおよそ何万人だったか発表しましょう。

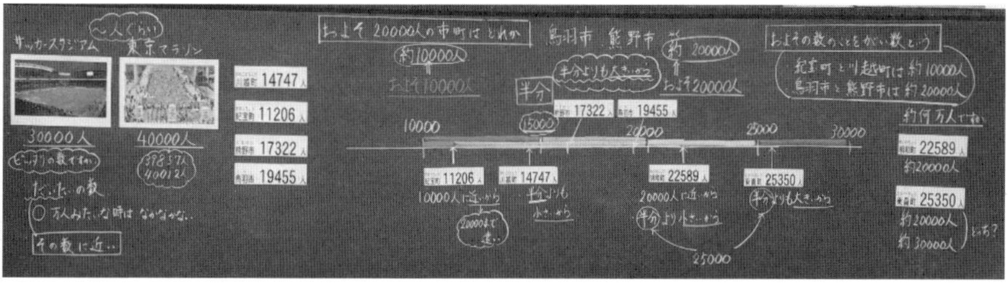

面積の違いがいつも同じなのはなぜだろう？

1 単元の指導計画

❶陣取りゲームの結果をいろいろな方法で考え，面積を比べる…３時間
❷面積の求め方を考えることができる…１時間
❸複合図形の面積の求め方を考える…３時間
❹周りの長さが同じ場合の面積について考える…１時間
❺大きな面積の単位について考える…３時間

2 「深い学び」に誘う授業デザイン

本時は❸の第２時に当たり，下図のように長方形と正方形を重ね，そのときにできる面積ＡとＢの差について考えることを通して，自ら○や□の数値を変えて差を考える中で，差が変わらないことを確かめたり，その理由を考えたりして，面積についての理解を深めていきます。

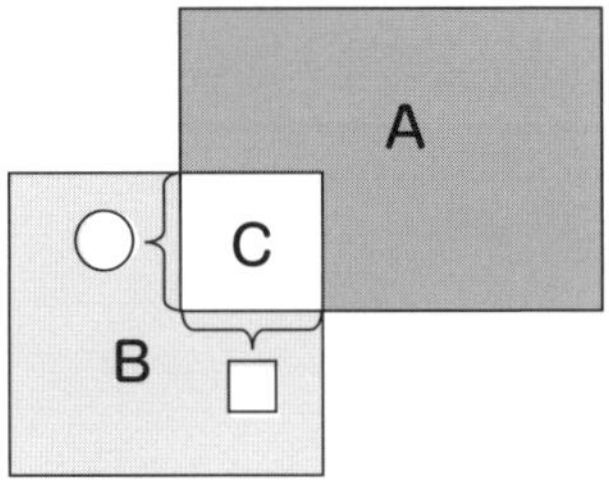

①場面を単純化して考えさせる

最初から自由に数値を決めて面積の差を求めさせると，題意や考え方を十分理解できないまま解いてしまう子どもが少なくありません。そこで，はじめは下図のように，長方形・正方形と面積Cの高さをそろえ，「面積ＡとＢの差について考える」ことの意味をていねいに確認します。

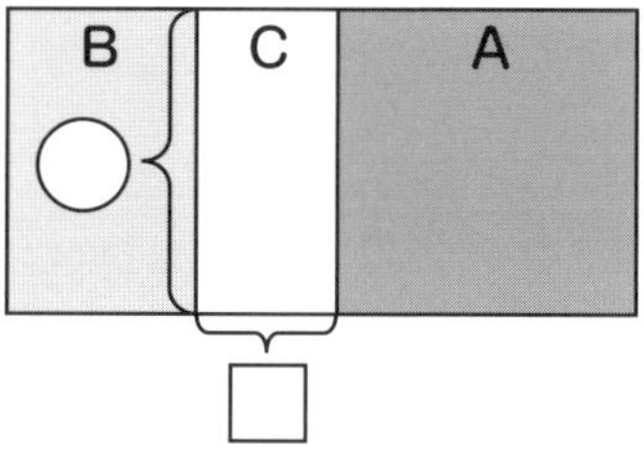

②長さを変えたときの面積の関係に着目し，根拠を基に理由を説明させる

○や□の数を自由に決めさせてできたＡとＢの面積の差が，どの場合でも同じであることについて，「なぜそうなるのか」（根拠）を尋ね，元の長方形と正方形の面積の差に着目した理由の説明を引き出します。

③演繹的に考えるきっかけとなる問いを投げかける

授業終末の振り返りの段階で，

「本当にどんなときでも，ＡとＢの面積の差は同じなのかな？　他の数字や，重ねたときにできる形を四角形以外の形にして試してみると，どうなるかな？」

と発問することで，「他の数字でも試してみたい」「重なった形を三角形にしても差は同じになるのか確かめてみたい」と，演繹的に考えるきっかけを与えます。

3 評価規準と授業展開

評価規準

●AとBの面積の差が同じであると言える理由を，元の正方形と長方形の面積の関係に着目して説明している。【思考・判断・表現】

●AとBの面積の差が同じであるということを，数値を変えながら確かめようとしている。【主体的に学習に取り組む態度】

(1)AとBの面積の差について自力で考える

まず，黒板に下図のような正方形と長方形を重ねた図形を提示します。

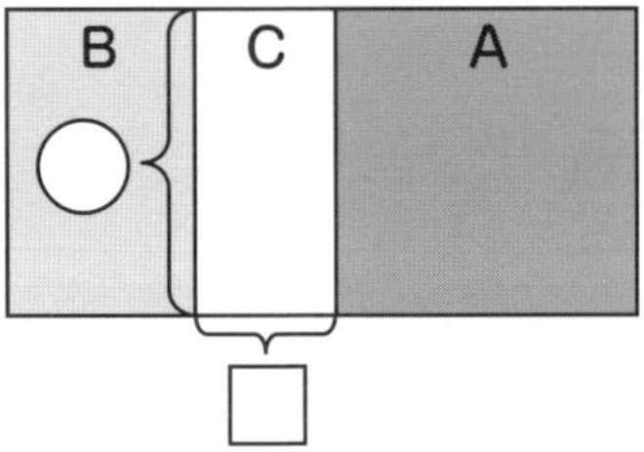

T　ここに縦が８㎝，横が10㎝の長方形と，１辺が８㎝の正方形があります。このように２つの図形を重ねた（○…８㎝，□…３㎝）ときにできるAとBでは，どちらの方がどれだけ広いでしょうか？

C　見た目で考えるとAの方が絶対に広いよね！

C　Cの面積を全体からひいたら，AとBの面積が求められそうだね！

（しばらく各自で考える時間を取る）

T　どちらの方がどれだけ広かったですか？

C　Aの方が16㎠広かったです。

C　僕も同じで，

長方形…８×10＝80（㎠）
正方形…８×８＝64（㎠）
面積Ｃ…８×３＝24（㎠）

だから，長方形と正方形の面積から面積Ｃをそれぞれひくと，

面積Ａ…80－24＝56（㎠）
面積Ｂ…64－24＝40（㎠）

になって，56－40＝16だから，Ａの方が16㎠広いということがわかりました。

C　なるほどね！　長方形と正方形から，それぞれ重なった部分の面積をひいて比べればいいんだ！

⑵ＡとＢの面積の差がいつも同じである理由を考える

○が８㎝，□が３㎝のときの面積がはっきりしたところで，今度は○や□の値を自由に決めさせ，ＡとＢの差が何㎠かについて考えさせます。

T　○が８㎝，□が３㎝のとき，Ａの方が16㎠広いことがわかりましたね。では，○と□の数字を自分で決めて，どちらの方がどれだけ広いか求めてみましょう。
（しばらく各自で考える時間を取る）

T　○がいくつ，□がいくつのとき，どちらの方がどれだけ広かったですか？

C　○が３㎝で，□が３㎝のとき，Ａの方が16㎠広かったです。

C　僕は，○が５㎝で，□が６㎝でやったんだけど，Ａの方が16㎠広かった

よ。

C　あれっ!?　僕も別の数字でやってみたけど，やっぱりＡの方が16㎠広かったよ！

C　これって，○や□がどんな数字のときでも，Ａの方が16㎠広いんじゃないの？

T　どんな数字でやっても，Ａの方が16㎠広いんだ！　なんでそうなるんだろうね？

（しばらくグループで考える時間を取る）

T　○や□がどんな数字のときでも，ＡとＢの面積の差がいつも16㎠広くなる理由はわかりましたか？

C　はい。Ｂの形をくるってひっくり返して，Ａに重ねるといつも同じ形になるからです。

C　どういうこと？　ひっくり返す？

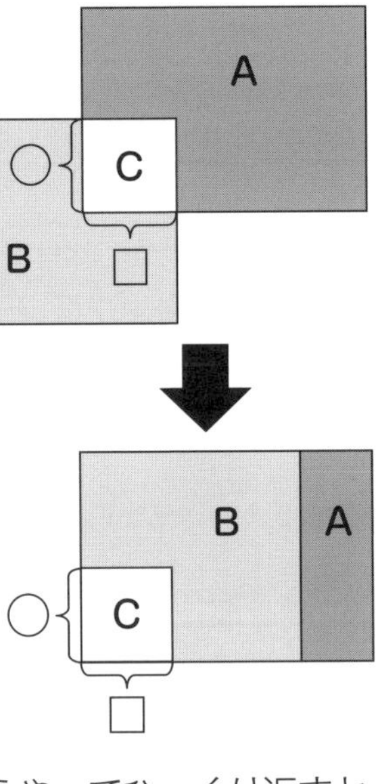

C　Ｂの形を切って，こうやってひっくり返すと，いつも同じ面積分だけ余っているということです！

C　本当だ！　どの形でも，いつも同じ面積分だけ余ってるよ！

C　ということは，重ねる前の長方形と正方形の面積の差は変わらないということだね！

(3)学習を振り返り，演繹的に考える

本時の学習を振り返るだけでなく，子どもたちにもっと考えてみたいと思わせる問いを投げかけます。

T　長方形と正方形を合わせたときにできる形の面積の差はいつも同じでしたね。でも，本当にどんなときでも，ＡとＢの面積の差は同じなのかな？　他の数字や重ねたときにできる形を四角形以外の形にして試してみると，どうなるかな？

C　僕は○の数字を１㎝，□の形を２㎝にして確かめてみようかな。

C　私は重ねたときにできるＣの形を三角形にしてやってみようかな。

T　では，次の時間に，他の数字や形で試してみましょうね。

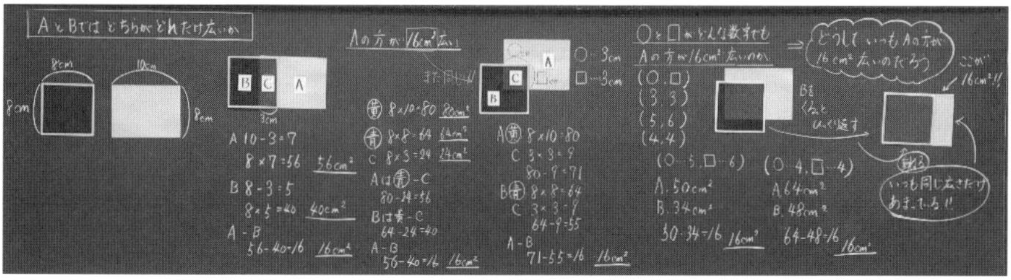

4年　直方体と立方体

どの面に印をつければいいのかな？

1 単元の指導計画

❶直方体と立方体の性質や特徴，
面や辺の垂直・平行の意味について考える …３時間
❷展開図や見取図について考える …４時間
❸位置の表し方について考える …１時間

2 「深い学び」に誘う授業デザイン

本時は❷の第３時に当たり，下図の箱をつくるには展開図のどの面に印をかけばよいか考えることを通して，立方体の展開図の平行になる面のきまりや立方体には平行な２つの面が３組あることに気づき，他の立方体の展開図においても，平行になる面の関係性についての理解を深めていきます。

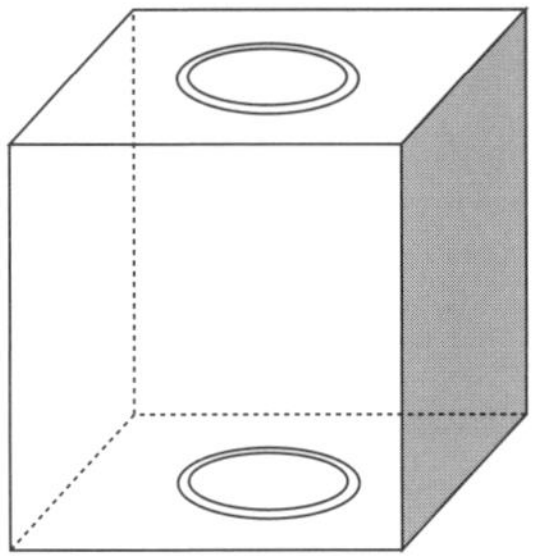

①立方体に印をつけて，面と面の関係に着目させる

何も条件をつけずに「立方体の展開図をつくろう」と投げかけると，展開図における面の位置関係を意識せず，ただ単に面を並べて展開図をつくろうとする子どもが多いため，立方体の２つの面に印をつけることで，面と面の関係に着目させます。

②条件に合う展開図について，根拠を基に理由を説明させる

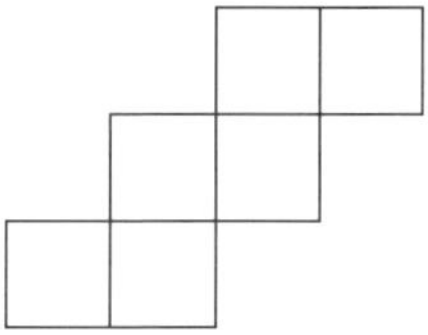

右の展開図に印をつけさせ，前ページの立方体になるものとならないものに仲間分けをしていきます。その中で，「なぜそう考えたのか」（根拠）を尋ね，印をつけた面の位置関係に着目した説明を引き出します。

③他の展開図の場合について発展的に考える

「他の展開図で同じ箱をつくるなら，どこに印をつければいいかな？」と発問することで，上の展開図の場合の印の関係性を活用し，発展的に考えるきっかけを与えます。

3 評価規準と授業展開

評価規準

- 立方体の面とその展開図の面の位置関係を，面の並び方に着目して説明している。 **【思考・判断・表現】**
- 立方体の展開図の面の位置関係を基に，様々な立方体の展開図の平行な面同士を見つけようとしている。 **【主体的に学習に取り組む態度】**

(1)展開図のどの面とどの面に印をつけるか自力で考える

まず，箱を子どもたちに見せた後，展開図を提示します。

T　下のような箱があります。

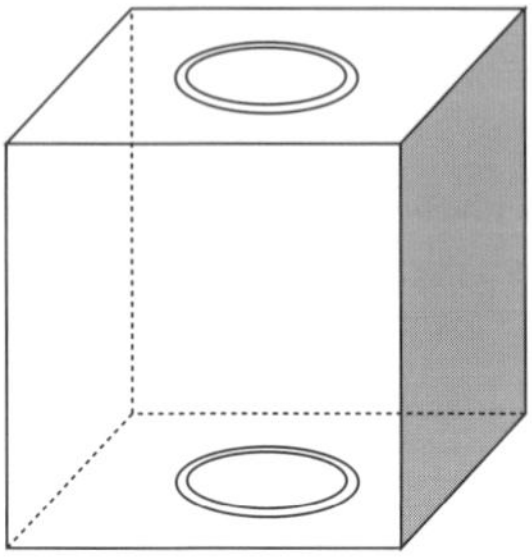

C　上と下に◎がついてるね。

C　２つの面は平行だね。

T　よく気がつきましたね。では，このような展開図があったとき，どこの面に◎をつければ，この箱ができるでしょうか？

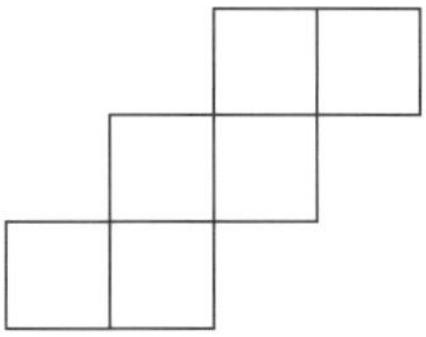

（しばらく各自で考える時間を取る）

T　どこに◎をつければ，この箱ができると思いますか？

C

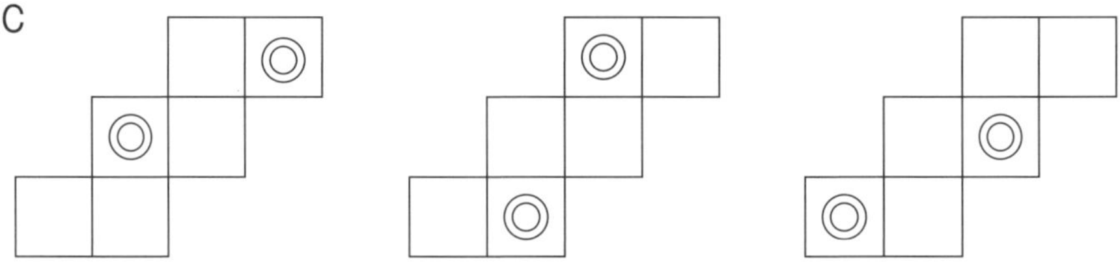

子どもたちが考えた展開図

C　他にもあるのかな？

C　これなんかはどうなのかな…。

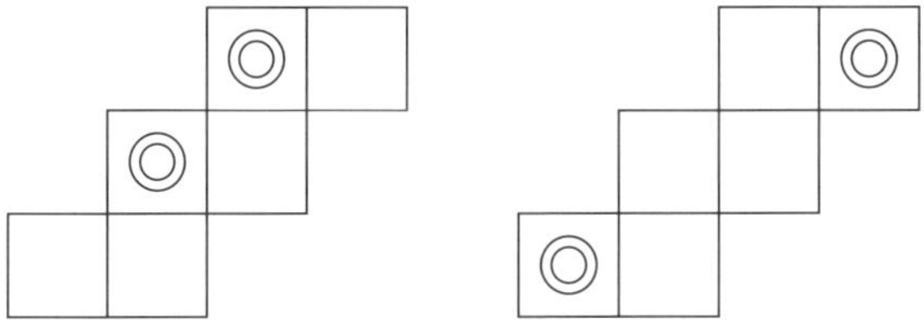

子どもたちが考えた箱ができない展開図

(2)仲間分けした理由について考える

ひと通り展開図が出されたところで，箱ができる展開図とできない展開図の2種類に仲間分けをさせて，そのように分けた理由について考えさせていきます。

T　いろんな種類の展開図が出てきたんだけど，これらはすべて箱ができるのかな？

C　できるものとできないものがあります！

T　そうなんだ。できるものとできないものの2種類に分けることはできますか？

C

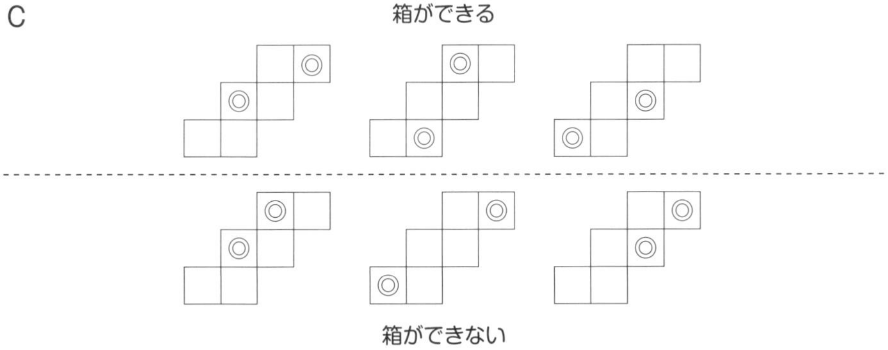

T　これで分けることはできたけど，できるときには何かきまりがあるのか

な？

C　箱ができるときは，◎がついた２つの面が離れています。

T　えぇっ，できないときだって，◎がついた２つの面が離れているものがあるよ。

C　◎がついた２つの面が離れすぎているとできないのかな。

C　◎がついた面の頂点同士がくっついていると，組み立てたときに隣同士になるから，箱はできません。

T　なるほど！　おもしろいことに気がつきましたね。頂点同士が重なっているときは組み立てると，隣同士になってしまうんだ！

C　他にもきまりがあるよ。さっき言っていた２つの面が離れているっていうことに似ているんだけど，箱ができるときは，◎の面を１つずらすと，◎がついた面と◎がついた面の間に面が１つ挟まれるようになるよ。

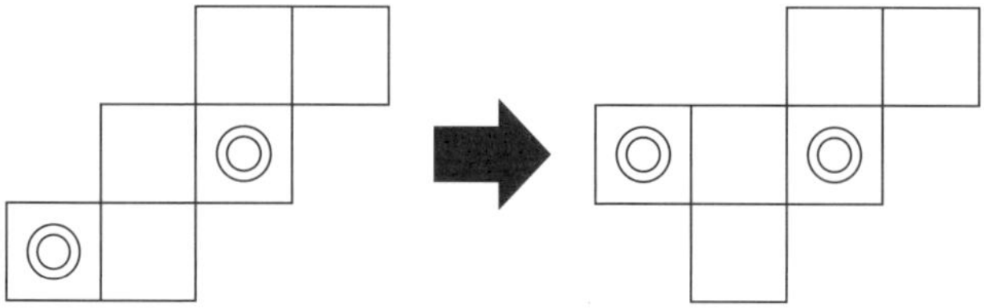

C　本当だ，全部そうなってる！

T　◎がついた面を１つ隣に移動させると，間に１つ面が入るんだね！

⑶面の位置関係のきまりを基に発展的に考える

ここまでの学習で見いだしたきまりを基に，他の立方体の展開図でも箱ができる位置に印をかくことができるかを考えていきます。

T　立方体の平行な面を展開図の中から見つけるきまりを発見することができましたね。ところで，他の展開図で箱をつくるなら，どこに◎をつければいいのかな？

C　僕はこの展開図で考えてみようかな。

C この展開図なら，さっきのきまりを使ってみると，ここに◎をつければ箱ができそうだね。

T では，◎をつけることができた人は，実際に箱をつくって確かめてみましょう。

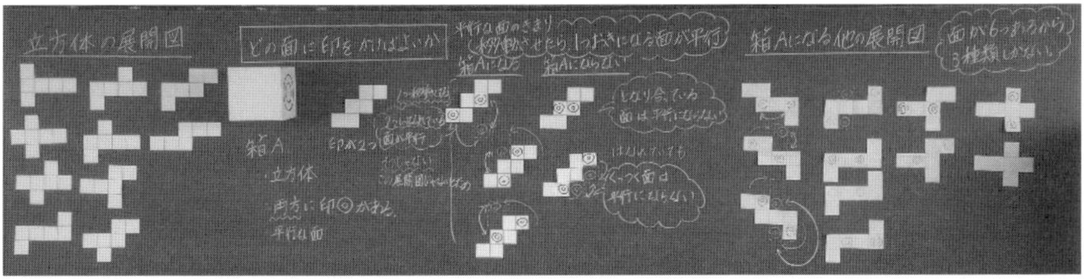

わりきれるまで わってみよう！

1 単元の指導計画

❶小数のわり算について考える …8時間
❷小数の倍とわり算について考える …3時間
❸様々なわり算の問題について考える …2時間

2 「深い学び」に誘う授業デザイン

本時は❸の第２時に当たり，「６÷□」の□の中に１～９までの数字を入れ，わりきれるかわりきれないかを考えることを通して，□の数字が７と９ではわりきれないことや，わる数が７のときは商の小数点以下の数字の配列が8，5，7，1，4，2と繰り返されていることに気づかせながら，小数のわり算についての理解を深めていきます。

①わりきれるときとわりきれないときの違いを帰納的に見いださせる

はじめからわりきれない場合を考えさせると，何を基準にわりきれないとするのか曖昧な状態のままの子どもが多くなってしまいます。そこで，まずわりきれる場合を考えさせることで，考えることを明確にし，わりきれる場合とわりきれない場合の違いを帰納的に見いださせます。

②数の繰り返しに着目して，根拠を基に理由を説明させる

わりきれない場合の□に入る数字について，「なぜそう言えるのか」（根拠）を尋ね，商の小数点以下の数字の配列に着目した理由の説明を引き出します。

③「□÷７」の場合について類推的に考えさせる

授業終末の振り返りの段階で，
「□÷７のときは，□がどんな数ならわりきれるかな？」
と発問することで，これまでの学習から類推的に考えるきっかけを与えます。

3 評価規準と授業展開

評価規準

●わりきれない理由を，商の小数点以下の数字が繰り返されていることに着目して説明している。**【思考・判断・表現】**

●わりきれない場合の法則を基に，様々な小数のわり算をしようとしている。**【主体的に学習に取り組む態度】**

⑴「６÷□」がわりきれる場合，□の中にどの数字が入るか自力で考える

まず，黒板に「６÷□」と書き，□の中には１～９までの数字が入るという条件を確認します。

T 「６÷□」をします。□の中には１～９までの数字が入ります。□がいくつのときわりきれるかな？
C １，２，３，６は絶対にわりきれるけど，他の数字の中にもわりきれる

ものがあるのかな？

（しばらく各自で考える時間を取る）

T　では，どの数字のとき，わりきれましたか？

C　□が４のとき，６÷４＝1.5でわりきれました。

C　□が８のときも，６÷８＝0.75でわりきれました。

C　あとは□が５のときもわりきれるよ！

C　□が７と９のときはわりきれなかったよ！

⑵わりきれないと考えた根拠について考える

７と９以外はわりきれるということがはっきりしたところで，今度はどうして７と９ではわりきれないと言えるのかということについて考えさせます。

T　７と９のときはわりきれないって言っていたけど，本当にわりきれないって言いきれる？

C　□が９のとき，６÷９をすると，0.666666…とずーっと続いていきます。

C　そう，６がずーっと続くから，わりきれません。

T　なるほどね。「６がずーっと続いていくからわりきれない」って考えたんですね。では，□が７のときは，どうしてわりきれないって言えるのかな？

C　６÷７を計算したら，0.85714285になって，まだわりきれません。

C　でも，もっとやったらわりきれるかもしれないよね。

C　確かに，９のときみたいに，同じ数字がずっと続いていないから，わりきれないって言えないんじゃないの？

C　あれっ？　同じ数字じゃないけど，同じ数字の並びになってるよ！

C　本当だ！　もっと計算していくと，「857142」って数字の並びが繰り返されてるよ！

C　気づかなかった！

(3)「□÷７」の場合について類推的に考える

ここまでの学習を振り返ったところで，今度はわる数を7にし，わられる数を□にして考えてみます。

T　では，今度は「□÷７」をしてみたいと思います。□の数字は変わらず１～９ね。どの数字のときわりきれるかな？

C　７しかないんじゃないの？

（計算をさせて，確かめさせる）

T　どうでしたか？

C　やっぱり７以外はわりきれませんでした。□が１のときは，答えが0.14285714…で，□が２のときは，0.28571428…でした。

T　他の数ではどうなったの？

（残りの数についても，数の循環が見えるところまでそれぞれ計算させ，板書します）

C　あれっ!?　わる数が７のときって，スタートの数字が違うだけで，どれも数字の並び方は一緒なんじゃない？

C　どういうこと？

C　例えば，□が１だったら「857142」の１からスタートして，□が２だったら，２からスタートしてる！

C　本当だ，おもしろいね！　他の数字でも同じことが言えるのか確かめてみよう！

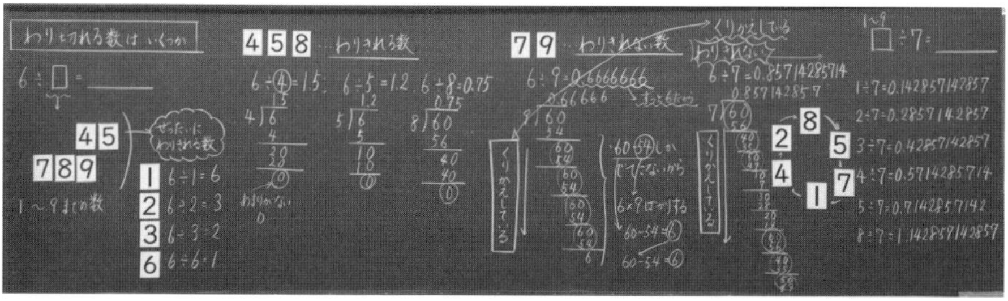

5年　平均

3つの数の平均はいくつ？

1 単元の指導計画

❶平均の意味と求め方を知ったり，求めたりする　…４時間
❷様々な場面の平均を求める　…５時間
❸平均を用いて全体量の求め方について考える　…２時間

2 「深い学び」に誘う授業デザイン

本時は❷の第３時に当たり，１から９までの数字の中から３つの数字を選んでできる，６通りの数の平均を求めることを通して，その平均の数には同じ数字が３つそろう場合とそうでない場合があることに気づき，その理由について考えていく中で，平均についての理解を深めていきます。

①多数の事例から帰納的に考えさせる

あらかじめ決められた３つの数字について全員で考えていくのではなく，子どもたちに自分の好きな数字を３つ選ばせることで学級全体に多くの事例ができ，帰納的な考えを進めていくことができます。

②各位の数字の関係に着目し，根拠を基に理由を説明させる

３つの数字でできた３けたの数の平均で，同じ数字が３つそろっているこ

とについて，「なぜそうなるのか」（根拠）を尋ね，３けたの数の位の数字に着目した理由の説明を引き出します。

③発展的に考えるきっかけとなる問いを投げかける

授業終末の振り返りの段階で，

「発見したことを使って，他に試してみたいことをやってみましょう」

と発問することで，「他の数字でも確かめてみたい」「４つの数字で４けたの数をつくっても同じなのかな」と，発展的に考えるきっかけを与えます。

3 評価規準と授業展開

評価規準

- 同じ数字が３つそろう理由を，各位の数字の関係に着目して説明している。 **【思考・判断・表現】**
- 平均の定義を基に，様々な３つの数字からできる６通りの３けたの数の平均を見つけようとしている。 **【主体的に学習に取り組む態度】**

⑴３つの数字からできる６通りの３けたの数の平均を自力で考える

まず，黒板に１～９までの数字カードを提示します。

T　ここに１～９までの数字カードがあります。ここから好きな数字を３つ選んで，その３つの数字からできる３けたの数の平均を求めようと思います。まず，１，２，３の数字なら何通りの３けたの数ができますか？

C　６通りです。

C　123，132，213，231，312，321の６通りです。

T　では，その６つの数字の平均を求めてみましょう。
（しばらく各自で考える時間を取る）

C　222になりました。

C　あれっ，同じ数字が３つそろった！

C　たまたまじゃないの？

C　だったら，他の数でも試してみたらいいんじゃないかな？

T　では，今度は自分で好きな数字を選んで平均を求めてみましょう。
（しばらく各自で考える時間を取る）

C　僕は，２，６，７でやってみました。２，６，７でできる数は，267，276，627，672，726，762の６通りだから，平均を求めると…555だ！
また，同じ数字が３つそろったよ！

C　１，２，４で考えてみたら，124，142，214，241，412，421で全部たすと1554になります。これを６でわると…259。あれっ，今度は３つ同じ数字が並ばなかったよ！

C　どうして同じ数字が３つそろうときとそろわないときがあるのかな…。

⑵同じ数字が３つそろう理由について考える

同じ数字が３つそろうときとそろわないときがあることがはっきりしたところで，子どもたちがもった問い「どうして同じ数字が３つそろうときとそろわないときがあるのか」について考えていきます。

T　同じ数字が３つそろうときと，そろわないときがあるみたいですね。まずは，どういうときに同じ数字が３つそろうのか考えてみようか。
（しばらく各自で考える時間を取る）

C　いろいろ試してわかったことがあります。同じ数字が並ぶ場合は，選んだ３つの数字の合計が６，９，12，15，18など３の倍数になるときで，例えば６なら222，12なら444になります。

C　どういうこと？　なんでそうなるの??

C どうして同じ数字がそろうかというと，例えば，１，２，３の場合，123，132，213，231，312，321で，百の位は１，１，２，２，３，３，十の位は２，３，１，３，１，２，一の位は３，２，３，１，２，１とそれぞれの位でたした数が全部12になって，３の倍数の６でわると，その位の平均が２になるからです。同じ数字がそろわないときは，全部たした数が３でわれません。

C なるほどね！　だから，僕のは同じ数字が３つそろったんだ！

C ということは，これが４つの数字を選んだら，３の倍数じゃなくて，４の倍数になるのかな？

C ５つの数字ならどうなるのかな？

(3)発見したことを基に，発展的に考える

課題から発見したことを基に，子どもたちが自分で考えてみたいと思わせる問いを投げかけます。

T ３つの数字を選んでつくった６通りの数の平均で，同じ数字が３つそろうときは，各位の数字をたした数が３の倍数になることがわかりましたね。では，この発見したことを使って，他に試してみたいことをやってみましょう。

C 僕は４つの数字を選んで，同じ数字が４つそろう場合，４の倍数になっているか確かめてみたいです！

C 私は５つの数を選ぶ場合を考えてみたい！

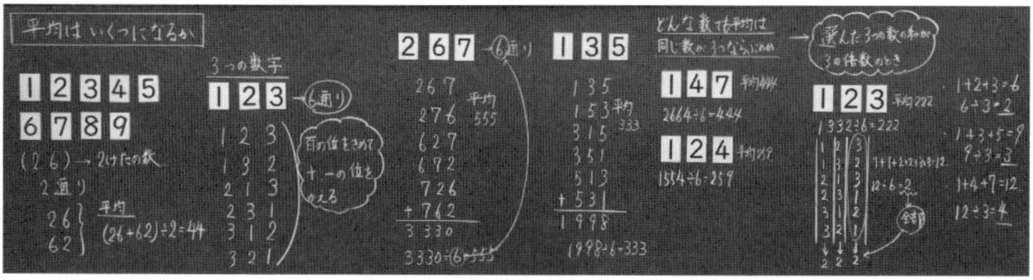

5年　角柱と円柱

長方形をどこで切れば円柱ができるかな？

1 単元の指導計画

❶角柱と円柱の特徴や性質について考える　…2時間
❷角柱と円柱の展開図をかいたり，読み取ったりする　…3時間

2「深い学び」に誘う授業デザイン

本時は❷の第3時に当たり，円柱の展開図を完成させるためには，側面にあたる長方形をＡ～Ｇのどこで切ればよいか考えることを通して，円柱の展開図についての理解を深めていきます。

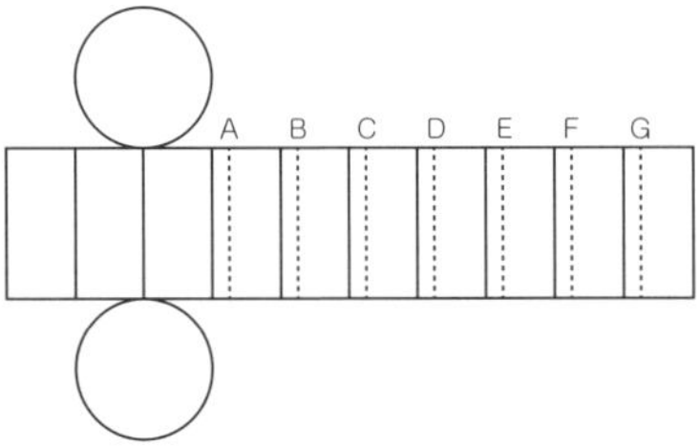

①長方形のどこで切るのかを比較して考えさせる

長方形を切る場所を自由に探させると，様々な場所を子どもたちは考えますが，根拠がはっきりせず，感覚的に「ここだ」と決める子どももいます。

そこで，切る場所を選択肢として提示し，比較しながら考えさせます。

②長さの関係に着目し，根拠を基に理由を説明させる

円柱の展開図について，「なぜそう言えるのか」（根拠）を尋ね，半径や円周の長さに着目した理由の説明を引き出します。

③発展的に考えるきっかけとなる問いを投げかける

授業終末の振り返りの段階で，３種類の円と長方形を用意し，

「好きな円を選んで，円柱をつくります。長方形のどこを切れば円柱ができますか？」

と発問することで，発展的に考えるきっかけを与えます。

3 評価規準と授業展開

評価規準

●長方形を切る目安の理由を，円周の長さに着目して説明している。

【思考・判断・表現】

●円柱の展開図の長方形の横の長さは底面の円周の長さと同じであることに気づき，どこで切るかを見つけようとしている。

【主体的に学習に取り組む態度】

⑴展開図を完成させるためにどこで長方形を切ればよいか自力で考える

まず，黒板に次ページの図のような円柱の展開図を提示します。

T　ここに円柱の展開図があります。

C　長方形が長すぎるよ！

C　どこかで切らないといけないね。

T　このままではどうなりそうですか？

C　円柱の側面が重なってしまいます。

T　では，この長方形のＡ～Ｇのどこで切ればよいか考えましょう。

（しばらく各自で考える時間を取る）

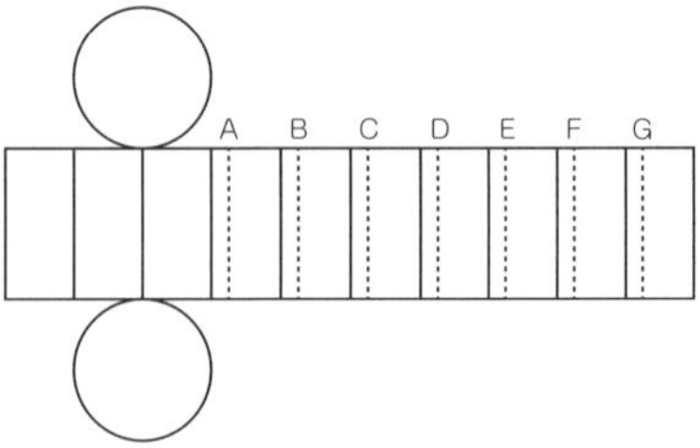

T　ＤとＦで悩んでいる人がいますね。まずはＦと考えた人の中で説明できる人はいますか？

C　円周の４分の１が長方形の実線の２つ分の長さと同じだと思うから，それが４つ分だとＦのところになるからです。

C　でも，それだと長方形の長さが長すぎると思うんだけど…。

C　円周を使ったっていう気持ちはわかるんだけどね。やっぱり長すぎると思うなぁ…。

⑵根拠を基に切る場所を決めた理由を説明する

Ｆで切るという意見が出されたところで，今度はＤで切るという考え方について説明をさせます。

T　Ｄで切るって言ってた人は，どのように考えたのですか？

C　さっきＦで切るって言っていた人と理由は同じで，円周の長さを考えたらＤで切ればいいと思いました。

C　円周の長さは，半径×２×3.14だから，もし半径を１とすると，6.28で，Ｄになると考えました。

C　円周の長さは，半径×6.28になって，半径の6.28倍になるから，Ｄになると思います。

C　なるほどね！　半径の6.28倍だね。

C　ということは，Ｄで切ればいいんだ！

T　では，本当に完成するか，ＤとＦの両方を試してみましょう。
　（実際にＤとＦのところで切って，円柱をつくって見せる）
C　やっぱりＦは長過ぎたね。
C　長方形の長さは円周の長さにしなきゃいけないんだね。
T　円柱の展開図をつくるときは，長方形の横の長さを円周の長さと同じにしないといけないんですね。
C　僕たちも円柱の展開図をつくってみたいな。
T　よし，今からみんなも円柱の展開図をつくってみましょう。

⑶学習を振り返り，自ら円柱をつくらせる

本時の学習を振り返るだけでなく，子どもたちにも円柱をつくらせます。

T　半径が２㎝と４㎝と６㎝の３種類の円と，長方形を用意しました。自分でつくってみたい円を選んで長方形につけましょう。
C　僕は４㎝にしよっかな！
C　私は６㎝にするよ！
T　それでは，円を長方形につけましょう。そして，長方形に円をつけたら，長方形のどこを切るか考えてみましょう！
C　半径が４㎝だから，４×6.28で25.12㎝のところで切ればいいんだね。
C　よし，切る場所を決めたから，切ってみよう。うまくできるかな？
　…やったー，できた！　円柱ができたよ！

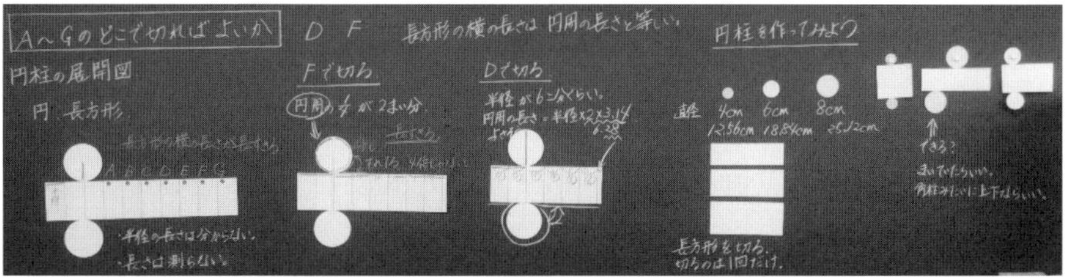

6年　およその面積

私たちの住んでいる県の面積を求めよう！

1 単元の指導計画

❶東京ドームと甲子園ではどちらが広いか考える …1時間
❷私たちの住んでいる県の面積を考える …1時間
❸様々なもの容積を考える …1時間

2 「深い学び」に誘う授業デザイン

本時は❷に当たり，子どもたちが住んでいる三重県のおよその面積が何㎢かについて考えることを通して，様々な形を，どのような図形に自分なら見立てて面積を求めるかということについての理解を深めていきます。

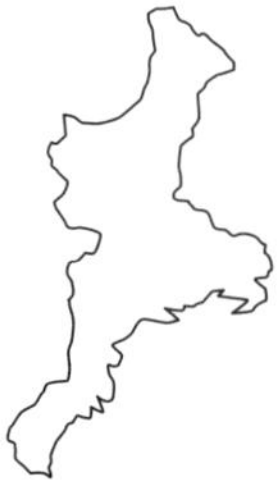

①様々な図形の捉え方や面積の求め方を比較させる

三重県の形を自分なりに既習の図形に見立てて面積を求めさせますが，友だちの図形の捉え方や面積の求め方にたくさん触れて，比較しながら考えられるようにします。

②根拠を基に理由を説明させる

「もう一度三重県の面積を求めるなら，どのような図形に見立てるか」を尋ね，それぞれの方法の長所や短所の理由の説明を引き出します。

③類推的に考えるきっかけとなる問いを投げかける

授業終末の振り返りの段階で，

「他の県はおよそ何㎢でしょう？」

と発問することで，「この県は三角形に見立てたら簡単に求められそうだな」「この県は２つの図形に分けて求めた方がより正確な面積が求められそうだな」と，これまでの学習を基に類推的に考えるきっかけを与えます。

3 評価規準と授業展開

評価規準

●概形を既習の図形に見立て，そこからおよその面積求めることができるとともに，その方法について説明している。　**【思考・判断・表現】**

●様々な概形を，自分なりに既習の図形に見立て，より正確におよその面積を求めようとしている。　**【主体的に学習に取り組む態度】**

(1)三重県のおよその面積が何㎢か自力で考える

日本地図を提示し，一番広い面積をもつ都道府県はどこかを尋ねて都道府県の面積に関心をもたせた後，子どもたちが住む三重県の白地図を提示します。

T　今日は，この三重県の面積を，今までに学習してきた図形に見立てて，工夫して求めてみましょう。
（しばらく各自で考える時間を取る）

T　面積はおよそ何㎢でしたか？
C　約5328㎢でした。
T　三重県をどんな図形に見立てたの？
C　大きな三角形に見立てました。
C　たしかに，三角形に見えるね。
C　僕は台形と長方形に見立てました。

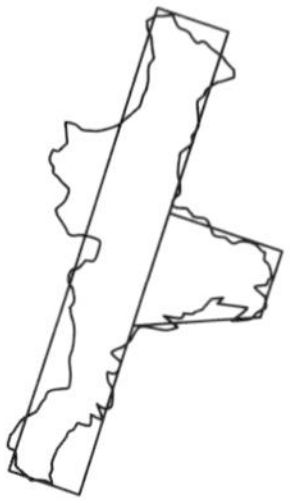

C　台形と長方形…？
C　いろんな図形に見立てることができるんだね。
C　大きな長方形から必要でない部分をひくって方法は思いつかなかったな！　他の県でも使えそう！

3つの図形に分ける方法

必要でない部分をひく方法

⑵それぞれの求め方の長所や短所を論じる

様々な面積の求め方を発表させたところで，「もう一度三重県の面積を求めるなら，どのような図形に見立てるか」という視点で考えさせます。

T　もしもう一度面積を求めるとしたら，どの方法で求めますか？
C　僕は１つの図形に見立てます。計算間違いしにくいからです。

C　私は，２つの図形に分けます。１つの図形に見立てるよりも，より正確だと思うからです。

C　だったら，３つ以上の方がもっと正確になるんじゃないの…？

C　でも，そうしたら計算が大変になるよ。

C　私は３つの図形に分けて考えます。この分け方がもともとの形に一番近いと思うからです。

C　僕は，大きい長方形から，必要ないところをひくのがより正確になるからよいと思います。

C　それだと計算が長くなって面倒だなぁ…。

(3)学習を振り返り，他府県の面積の求め方を類推的に考える

１つの概形でも一人ひとり見立て方が違うことや，それぞれの求め方に長所，短所があることを知ったところで，他の県の白地図を提示します。

T　大阪府と千葉県と石川県はそれぞれおよそ何㎢でしょう？

C　大阪府は台形かな…。

C　僕は台形と２つの三角形に分けてみよう。

C　千葉県は絶対に三角形だ！

C　えっ!?　千葉県は台形と（一般の）四角形にしか見えないんだけど。

C　石川県は細長い三角形２つかな。

T　いろんな見立て方があるんですね。では，それぞれの見立て方で，およその面積を求めてみましょう。

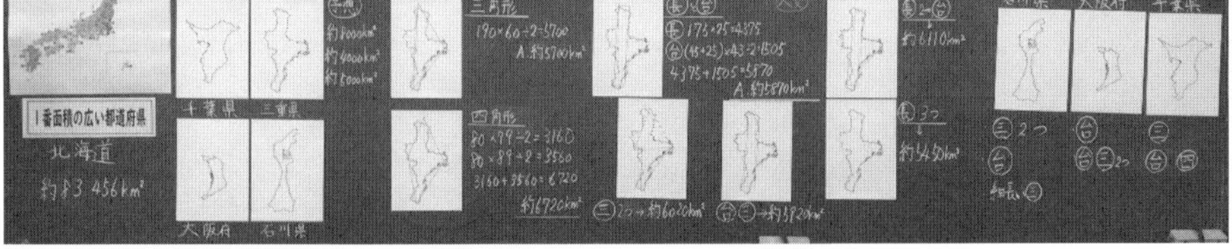

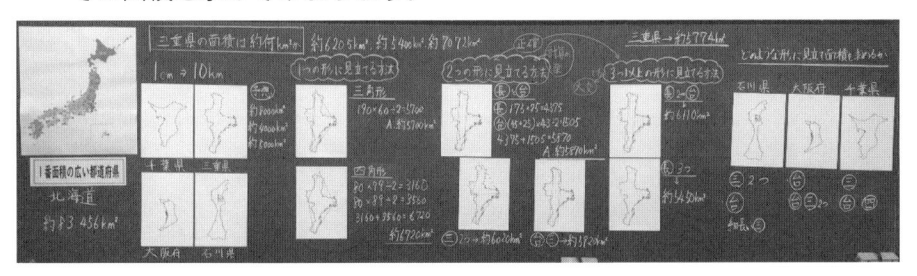

6年　拡大図と縮図

テレパシーゲームをしよう！

1 単元の指導計画

❶拡大図，縮図の意味や性質を考えたり，かいたりする　…４時間
❷基本的な図形の拡大図と縮図の関係について考える　…１時間
❸縮図を活用し，実際の長さを求める　…３時間

2「深い学び」に誘う授業デザイン

本時は❷に当たり，これまでに学んできた下のような基本的な平面図形をグループ員が同時にかいたとき，全員同じ形になるかという活動（ゲーム）を通して，必ず同じ形になる図形となりにくい図形があることに気づき，既習の図形に対する理解を深めていきます。

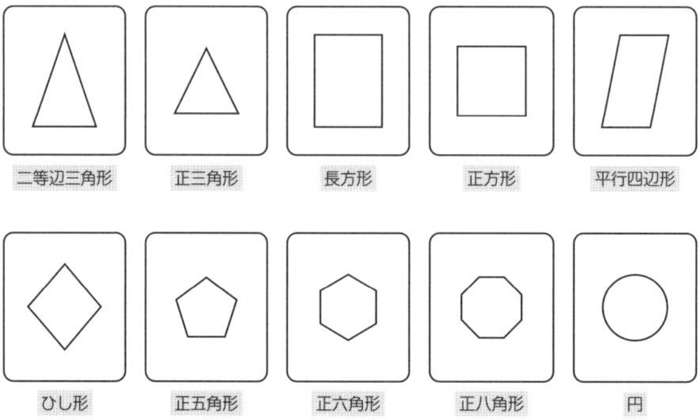

①何度も試すことで帰納的に考えさせる

既習の図形を１つずつ同時にかいて，同じ形ができるかどうかを確かめていきます。最初，どの図形でも必ず同じ形になると思っている子どももいますが，何度かチャレンジする中で，必ず同じ形になる図形となりにくい図形があることに気づかせていきます。

②辺や角の関係に着目して，同じ形になる理由を根拠を基に説明させる

なかなか図形が同じ形にならない状況の中で，必ず同じ形になる図形を見つけたという子どもの発言を拾い出し，同じ形になる理由の根拠を基にした説明に結びつけていきます。

③拡張的な考え方を働かせるきっかけとなる問いを投げかける

授業の終末で，

「必ず同じ形になる図形って，○角形以外にはないのかな？」

と問うことで，円も同様であることに気づかせ，その理由を説明させます。

3 評価規準と授業展開

評価規準

●それぞれがかいた平面図形が同じ形になる理由を，辺と角の関係に着目して説明している。【思考・判断・表現】

●自分で図をかきながら，必ず同じ形になる図形となりにくい図形があることに気づこうとしている。【主体的に学習に取り組む態度】

⑴テレパシーゲームを行う

「テレパシーを送り合ってみんな同じ形の図形をかきましょう」と伝え，まずは代表４人を選んで一度ゲームを行います。

T　今日はみんなで同じ形の図形をかく「テレパシーゲーム」を行います。
C　おもしろそう！　できるかな？
T　（代表４人を選び）では，最初は「長方形」をかいてもらいます。全員同じ形の長方形ができるかな…。
C　できそうな気がする！
T　それでは，一斉に見せてもらいますね。せーの！
C　あれっ，全然違う！　縦長のや横長のがあって，バラバラだ！
C　他の形でチャレンジしたい！
T　では，次は「二等辺三角形」にチャレンジしてみましょう！
（ここからは，４人グループになり，各グループでゲームを行う）
C　やってみたい！　今後こそ，みんなにきちんと僕がかく形をテレパシーで送るから！
C　ダメだ～。二等辺三角形じゃなくて，正三角形なら絶対にできるのに…。

⑵同じ形ができる理由を考える

テレパシーゲームを行っていく中で，子どもたちから出てきた「正三角形なら絶対できるのに」という言葉にフォーカスして，同じ形ができる理由にせまっていきます。

T　今「正三角形なら絶対にできるのに」って言ってる人がいたけど，本当にできるの？
C　できるよ！
C　だって，正三角形は３つの辺の長さがすべて同じで，角度もすべて60°で同じでしょ？　だから，大きさは違っても，同じ形の正三角形ができると思います。

C　ってことは，正○角形のときは，必ず同じ形の正○角形になるんだ！

C　正○角形じゃないときは，辺の長さが違ったり，角度が違ったりするから，同じ形にはなかなかできないんだね。

T　ではゲームを続けて，確かめてみよう。

（正方形，正五角形，正六角形，正八角形でも確かめる）

(3)正○角形以外に同じ形ができる図形を探す

正○角形なら必ず同じ形になるということを確かめたところで，同じ形ができる図形は他にはないのかということを考えていきます。

T　それでは，正八角形を一斉に見せ合いましょう。せーの！

C　みんな同じ…？

C　だいたい同じかな。少しズレてるかも。

T　ところで，必ず同じ形になる図形って，○角形以外にはないのかな？

C　もうないんじゃないかな…。

C　いや，円も絶対同じ形になる！

T　円も必ず同じ形になるの？

C　はい，円は半径の長さが違うだけで，形は必ず同じになるはずです！

T　それでは，みんなで円をかいて確かめてみよう。

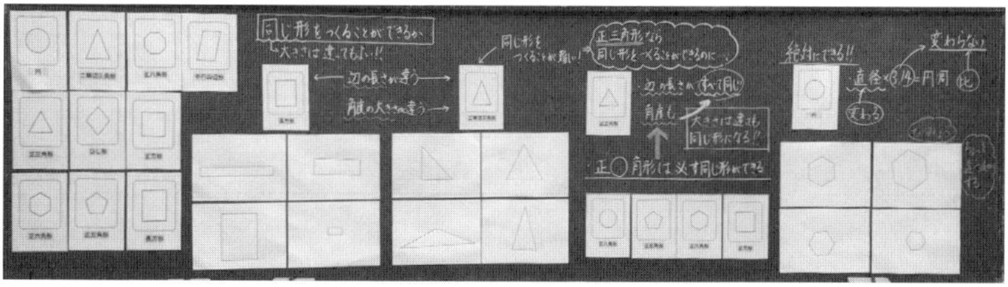

地震は何時何分何秒に到達するのかな？

1 単元の指導計画

❶平行四辺形の底辺の長さを４㎝に決め，高さを変えたときの
面積の大きさの変化について考える …４時間
❷平行四辺形の高さと面積の関係をグラフに表す …３時間
❸地震の到達時刻が何時何分何秒になるか考える …３時間
❹面積が24㎠の長方形の
縦の長さ x ㎝と横の長さ y ㎝の関係について考える …４時間
❺面積が24㎠の長方形の
縦と横の長さの関係をグラフに表す …１時間

2 「深い学び」に誘う授業デザイン

本時は❸の第１時に当たり，地震の発生時刻と発生場所からの距離を基に地震の速さを求めて考えていく中で，地震の速さは比例関係にあることに気づき，比例のグラフを活用することでさらに遠い市の地震の発生時刻を予想します。

①距離と時間の関係に着目して，地震の到達時刻を求めさせる

三重県の地図を掲示し，自分たちが住んでいる津市にシールを貼らせます。

そして，

「熊野市で地震が起こったときに，次の市ではこの時間に地震が到達しました」

と伝え，熊野市からそれぞれの市までの距離と地震の到達時刻を知らせます。こうすることで，子どもたちは距離と時間の関係に着目し，地震の速さを求めればよいのではないかと考えます。

市町名	熊野市からの距離
熊野市	0 km
名張市	75km
鳥羽市	90km
四日市市	120km
桑名市	135km

市町名	到達時刻
熊野市	10時24分00秒
名張市	10時24分15秒
鳥羽市	10時24分18秒
四日市市	10時24分24秒

②地震の速さを秒速５㎞としてよい理由を類推する

多くの子どもたちは，津市の到達時刻を求めるとき，例えば熊野市から名張市までの距離75㎞とかかった時間15秒を使って，地震の速さの秒速５㎞を求めます。そして，熊野市から津市までの距離95㎞をその秒速５㎞でわり，到達時刻は10時24分19秒と求めます。しかし，熊野市から津市までの地震の速さをどうして秒速５㎞と仮定できるのかは曖昧な状態です。

そこで，

「熊野市から津市の間の地震の速さをなぜ秒速５㎞としてよいのですか？」

と尋ねます。

③関数（比例）の考えを用い，グラフをのばして予想させる

地震の速さは比例の関係であることを理解させた後，四日市市よりもさらに遠い桑名市への到達時刻を求めさせます。そうすることで，関数の考えや比例のグラフのよさを実感させ，グラフをのばせば予想できることを理解させます。

3 評価規準と授業展開

評価規準

●発生場所から様々な地点までの距離と時間の関係をグラフや表に表しながら，地震の速さは比例関係であることを説明している。

【思考・判断・表現】

●地震の速さが比例関係であることを知り，様々な地点の到達時刻を求めようとしている。　【主体的に学習に取り組む態度】

(1)自分たちの住む市に地震が何時何分何秒に到達するのかを考える

三重県の白地図を掲示し，熊野市で地震が発生したときの津市（子どもたちが住む市）以外の県内の市の地震到達時刻と，熊野市から各市までの距離を示し，津市には何時何分何秒に地震が到達するか考えさせます。そして，それぞれがどの市を基準にして地震の速さを求めたのかを発表させていきます。

市町名	熊野市からの距離
熊野市	0㎞
名張市	75㎞
鳥羽市	90㎞
四日市市	120㎞
桑名市	135㎞

市町名	到達時刻
熊野市	10時24分00秒
名張市	10時24分15秒
鳥羽市	10時24分18秒
四日市市	10時24分24秒

T 津市への地震の到達時刻は，何時何分何秒になりましたか？
C 10時24分19秒でした。
T どうやって考えましたか？
C 熊野市から名張市までの距離が75㎞で，時間が15秒かかっているから，地震の速さは75÷15＝５で，秒速５㎞とわかりました。そして，熊野市から津市までの距離が95㎞だから，95÷５をすると19秒です。だから，10時24分19秒になりました。
C 僕も同じように地震の速さを求めてやったけど，名張市ではなく，他の市を使って地震の速さを求めました。
C 私は名張市から四日市市の間で地震の速さを求めたよ。
C どの区間で計算しても地震の速さは秒速５㎞だから，熊野市から津市までの距離95㎞を秒速５㎞でわると，津市への地震の到達時刻がわかります。

⑵曖昧な考えを確かにさせる

津市から熊野市の地震の速さを秒速５㎞として津市への地震の到達時刻を求めた子どもたちに，熊野市から津市の間の地震の速さをなぜ秒速５㎞としてよいのかを尋ね，曖昧な考え方を確かなものにしていきます。

T 津市への地震の到達時刻を求めることができましたね。でも，先生は疑問に思うことがあります。熊野市から津市の間の地震の速さをなぜ秒速５㎞としてよいのですか？
C 一応してもいいと思うけど…。
C ダメっていうことはないと思うけど…。
T ○○さんは，秒速５㎞として計算したんだよね？ なぜ秒速５㎞って考えていいの？
C そう言われると…。
（しばらく各自で考える時間を取る）

C　先生，説明できるよ！　僕は表をかいて考えました。上がx秒（地震が到達するまでの時間）で，下がy km（地震が発生した熊野市からの距離）です。例えば，xが９秒のときyが45kmで，xが15秒のときyが75kmです。さらに，xが24のときにyは120で，$y \div x$をすると全部決まった数が５になるから，秒速５kmと考えてもよいと思います。

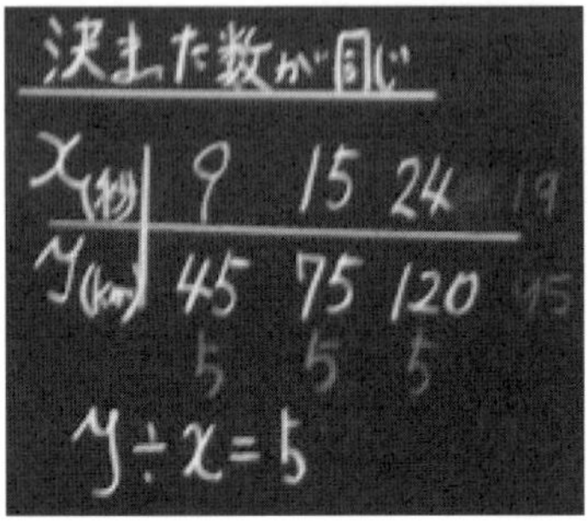

C　私は，グラフをかいて考えました。今わかっている時間（x）と距離（y）をグラフで表すと一直線になるから，地震の速さはどこでも秒速５kmと考えていいと思います。

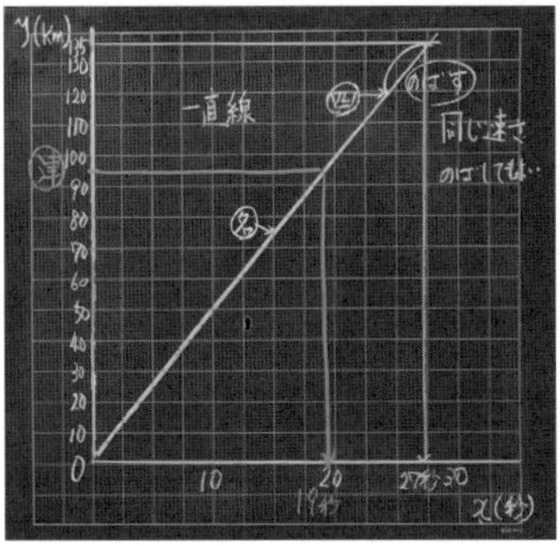

(3)さらに遠い市の到達時刻を求める

より遠い市への到達時刻を比例のグラフから考えさせます。このとき，より遠い市の場合，グラフをどのように活用すればよいかを考えさせます。

T　もっと遠い桑名市への到達時刻は何時何分何秒かな？

C　グラフを使えばできるよ！

C　グラフでやったんですけど，桑名市までは135kmなので，ここらへんからつけ足して…，135からこう来るとここらへん。ここから下に行くと27秒になるので，10時24分27秒でした（前ページグラフ写真）。

T　グラフを「つけ足す」ってどういうこと？

C　グラフをのばして，その先に y が135のところと照らし合わせたときに，垂直に下に降ろしていくと，x が27秒ぐらいの場所にあるので，10時24分27秒になるということです。

C　比例の関係をグラフで表すと，ずっと一直線だから，伸ばしても一直線は一直線だからいいと思います。

C　地震は揺れが止まらない限り続いていくから，どこに行こうと続いていくから，伸ばしてもいい。

T　なるほどね。比例のグラフは一直線だから，グラフをのばせば，より遠いところの到達時刻も求めることができるんですね。

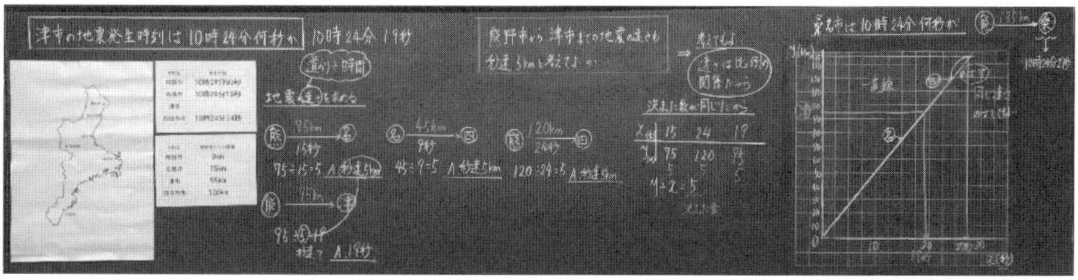

1500円のおこづかいは「高い」「妥当」「安い」？

1 単元の指導計画

❶データからなるＡグループとＢグループの資料の比べ方について考える …２時間
❷数直線や度数分布表，柱状グラフを活用して，資料の特徴をまとめ，読み取る …４時間
❸複数の数直線や度数分布表，柱状グラフ等から資料の特徴を読み取る …２時間

2 「深い学び」に誘う授業デザイン

本時は❸の第１時に当たり，祭りに持って行く1500円というお小遣いが「高い」「妥当」「安い」のどれだと思うか，データを分析しながら考えていきます。

1300	1000	1200	2500	2400
800	2500	1900	1000	6000
2000	1000	900	2300	2200
1000	2500	1200	1300	1000

20人の友だちが祭りに持って行くお小遣いの金額

20人の友だちのお小遣いのデータ（前ページ表）から，代表値（平均値，中央値，最頻値），数直線，ヒストグラム（ドットプロット）などを用いて，根拠を基に説明したり，自分ならお小遣いを何円でお願いするかを考えたりして，データの活用の仕方についての理解を深めていきます。

①データの数値を工夫して，3つの代表値に着目させる

最頻値や中央値を1500円よりも低くする，外れ値を含むか除外するかで平均値が1500円より高いか低いかが変わる，などデータの数値を様々に工夫することで，3つの代表値すべてに着目しながら判断する必然性を生じさせます。

②根拠を基に理由を説明させる

1500円という金額が「高いか」「妥当か」「安いか」ということについて，代表値や，数直線，ヒストグラムなどを用いながら，根拠を基に説明させていきます。

③自分の課題に置き換え，発展的に考えるきっかけとなる問いを投げかける

授業終末の振り返りの段階で，

「みんなだったらおうちの人が納得してくれるようにいくらの金額を提示するか考えてみてください」

と発問することで，授業の問題を子どもたち自身の日常の課題に置き換え，自分事として「親に納得してもらうために，自分ならいくらの金額を提示するか」ということについて考えさせます。

3 評価規準と授業展開

評価規準

●自らの判断の妥当性を，代表値，数直線，ヒストグラムなどを用いて根拠を基に説明している。 **【思考・判断・表現】**

●学習したことを基に，自らの課題に置き換えて解決しようとしている。 **【主体的に学習に取り組む態度】**

(1)1500円が「高い」「妥当」「安い」のどれか自力で考える

まず，祭りのときにもっていくお小遣いの金額について，親に相談している場面であることを伝えます。

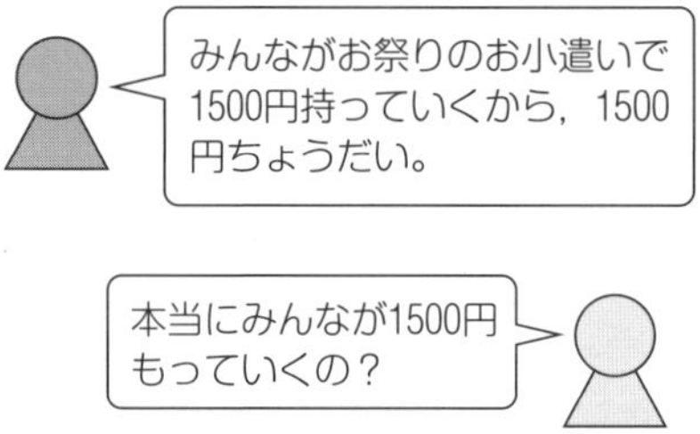

みんながお祭りのお小遣いで1500円持っていくから，1500円ちょうだい。
本当にみんなが1500円もっていくの？

1300	1000	1200	2500	2400
800	2500	1900	1000	6000
2000	1000	900	2300	2200
1000	2500	1200	1300	1000

そして，親からもらおうとしている1500円というお小遣いが「高い」「妥当」「安い」のどれかを考えるため，20人の友だちのお小遣いの金額（前ページ下段）を提示します。

T お母さんにお小遣いとして1500円もらおうとしているけど，この金額は，「高い」のか，「妥当」なのか，それとも「安い」のか，どれなんだろうね…？
C データを見る限り，友だちは1000円が多そうだけど…。
C でも，6000円っていう子もいるよ！
C 平均を求めてみたらわかるかもしれないね。
C 僕は数直線でやってみようかな…。
C ヒストグラムだとどうなるのかな…。

(2)1500円が「高い」「妥当」「安い」のどれか根拠を基に話し合う

それぞれに考えをもたせたところで，親からもらおうとしている1500円というお小遣いが「高い」「妥当」「安い」のどれだと思うか，根拠を示しながら話し合いをさせます。

T 親からもらおうとしている1500円は，高いのかな？　妥当なのかな？　それとも安いのかな？
C 私は「安い」と思います。このデータの平均値を求めると1800円になるからです。
C 僕は「高い」と思って数直線で表してみたんだけど，最頻値が1000円になるから，やっぱり1500円は高いと思います。

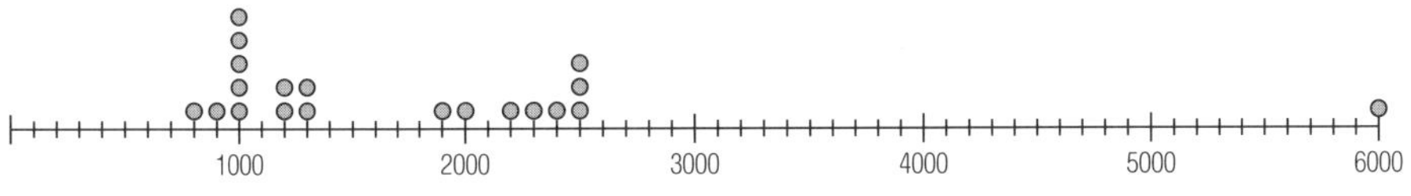

C　あれっ？　こうやって数直線で見てみると，平均値の1800円のあたりの金額の人はほとんどいないんだね。

C　私はヒストグラムをつくってみたんだけど，やっぱり平均値の1800円のところは１人しかいないよ。

C　ヒストグラムで見ると，一番人数が多いのは1000円以上1500円未満のところだね。そうすると，1500円は高いんじゃないのかな。

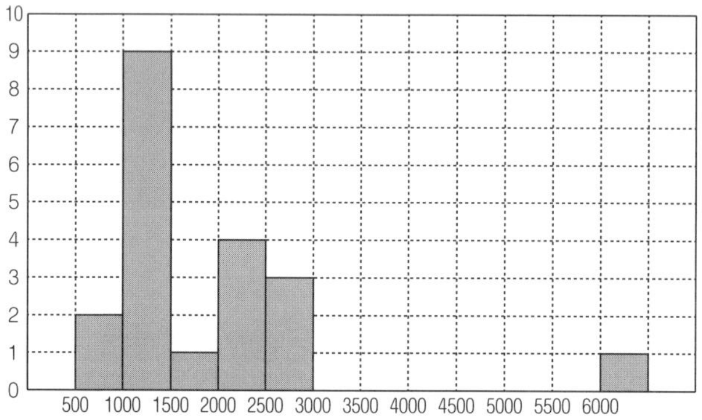

C　僕は「妥当」かなって思いました。１人だけ極端に高い金額の6000円をもらってる人がいるでしょ？　この子だけ高すぎるから，いったんこの子を除いて平均値を求めてみたら，1580円になりました。平均値がこの金額なら1500円は妥当と言えると思います。

T　みんながつくった数直線やヒストグラムから，いろんなことを読み取ることができましたね。

(3)学習を振り返り，発展的に考える

本時の学習を振り返るだけでなく，子どもたち一人ひとりが，「親に納得してもらうために，自分ならいくらの金額を提示するか」ということを考えます。

T　では，このデータを基に，おうちの人が納得してくれるようにみんなだ

ったらいくらの金額を提示するか考えてみてください。金額だけでなく，その理由もノートに書いてね。

C　僕は1300円かな。1000円以上1500円未満が一番多いし，中央値も1300円だから。

C　僕は1500円かな。6000円は高すぎるから，それを除いた平均値の1580円というのが一番納得してもらいやすいと思うから。

C　私は，やっぱり納得してもらうなら，最頻値の1000円にするかな…。

T　資料を活用してみると，いろんなことがわかってきますね。

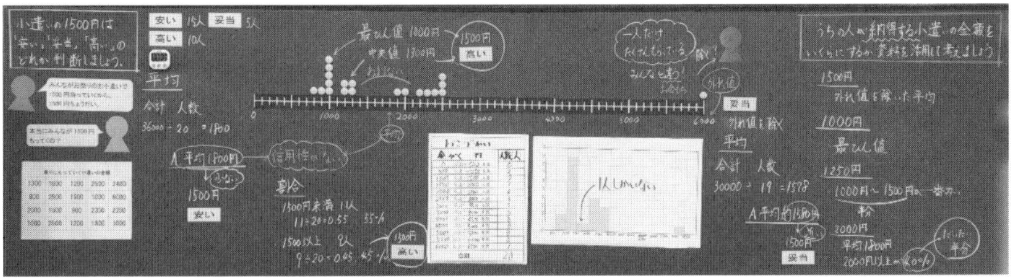

【著者紹介】
今井　啓介（いまい　けいすけ）
1979年三重県鳥羽市生まれ。三重大学教育学部卒業。四日市市立三重小学校教諭，四日市市立大矢知興譲小学校教諭，四日市市教育委員会教育支援課研修員を経て，現在，三重大学教育学部附属小学校教諭。関西算数授業研究会所属。

小学校算数「見方・考え方」を働かせる
「深い学び」の授業デザイン

2019年10月初版第1刷刊　著　者　今　井　啓　介
発行者　藤　原　光　政
発行所　明治図書出版株式会社
http://www.meijitosho.co.jp
（企画）矢口郁雄（校正）新井皓士
〒114-0023　東京都北区滝野川7-46-1
振替00160-5-151318　電話03(5907)6701
ご注文窓口　電話03(5907)6668

＊検印省略　組版所　長野印刷商工株式会社

Printed in Japan　ISBN978-4-18-290817-0

子どもがぐんぐん
やる気になる！

授業づくりの技事典

小学校算数

発問
教材・教具
宿題
板書
ノート指導
学習環境
問題提示
自力解決
練り上げ
振り返り・まとめ
ペア・グループ学習
ICT活用

盛山 隆雄 編著
加固希支男・松瀬 仁・山本大貴

志の算数教育研究会 著

子どもの思考を揺さぶる発問の技、「見方・考え方」を豊かにする板書の技、子どものミスコンセプションを生かす技、発展につながる振り返りの技…等々、発問、板書から問題提示、ペア・グループ学習まで、12ジャンル60本のすぐに使える算数授業づくりの技を大公開！

もくじ

136 ページ　Ａ５判　2,000 円+税　図書番号 ：1562

明治図書　携帯・スマートフォンからは **明治図書 ONLINE へ** 書籍の検索、注文ができます。 ▶▶▶
http://www.meijitosho.co.jp　＊併記４桁の図書番号（英数字）でHP、携帯での検索・注文が簡単に行えます。
〒114－0023　東京都北区滝野川７－46－１　ご注文窓口　TEL 03－5907－6668　FAX 050－3156－2790

＊価格は全て本体価表示です。

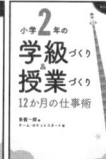

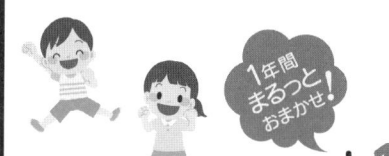

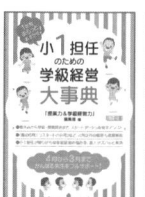

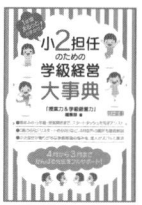

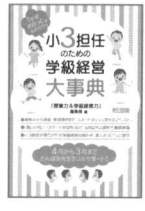

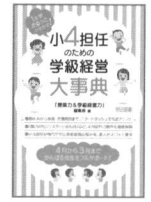

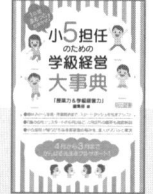

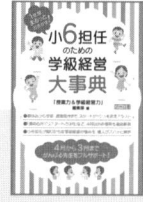

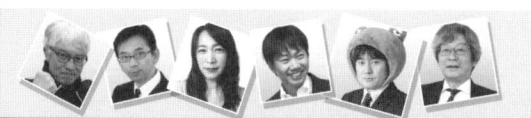

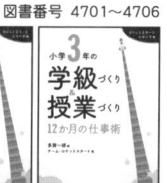